本书得到以下基金项目的支持：

潍坊学院2016年博士基金科研项目
"缩小中国城乡居民收入差距的制度研究"（项目编号：2016BS14）

2015年度山东省统计科研重点课题
"基于制度系统灰关联熵的城乡居民实际收入差距度量与实证分析"
（项目编号：KT15070）

教育部人文社会科学研究规划基金项目
"基于效率与公平的城乡居民收入差距收敛的理论模型与系统动力学仿真研究"（项目编号：11YJA790221）

缩小中国城乡居民收入差距的制度研究

——基于制度系统方法分析

刘伟 著

中国社会科学出版社

图书在版编目（CIP）数据

缩小中国城乡居民收入差距的制度研究：基于制度系统方法分析／刘伟著．—北京：中国社会科学出版社，2016.9
ISBN 978 - 7 - 5161 - 8832 - 3

Ⅰ.①缩… Ⅱ.①刘… Ⅲ.①居民收入—收入差距—城乡差别—研究—中国 Ⅳ.①F126.2

中国版本图书馆 CIP 数据核字（2016）第 205113 号

出 版 人	赵剑英
责任编辑	周晓慧
责任校对	无 介
责任印制	戴 宽

出　　版	中国社会科学出版社
社　　址	北京鼓楼西大街甲 158 号
邮　　编	100720
网　　址	http://www.csspw.cn
发 行 部	010 - 84083685
门 市 部	010 - 84029450
经　　销	新华书店及其他书店
印　　刷	北京明恒达印务有限公司
装　　订	廊坊市广阳区广增装订厂
版　　次	2016 年 9 月第 1 版
印　　次	2016 年 9 月第 1 次印刷
开　　本	710 × 1000 1/16
印　　张	12.5
插　　页	2
字　　数	201 千字
定　　价	48.00 元

凡购买中国社会科学出版社图书，如有质量问题请与本社营销中心联系调换
电话：010 - 84083683
版权所有　侵权必究

序

统计资料显示：中国城乡居民收入差距指数到 2014 年为 2.92∶1，远远超过了国际警戒区间，仍属于世界上城乡居民收入差距最大的国家之一。城乡居民收入差距的扩大已经成为我国经济发展和社会进步过程中的一个热点和难点问题，它引起了广泛关注。经济学界的不少学者、专家们，纷纷从多视角、全方位对缩小城乡居民收入差距进行研究，学术研究的氛围异常活跃。刘伟的博士论文《缩小中国城乡居民收入差距的制度研究——基于制度系统方法分析》一书的出版，可说是研究缩小我国城乡居民收入差距这一学术园中的一朵奇葩。回首当年，我作为刘伟的博士生导师，与他一起确定博士论文研究选题，在他撰写博士论文过程中多次交流讨论，三易其稿直至答辩。由此可以说，我对本书内容的了解是比较深入的。所以，欣然接受为本书写序，并借此机会与读者交流我对本书的一些认识和评价。

综观全书，作者在广泛借鉴、吸收国内外学界研究成果的基础上，积极做出了一些很有启发意义的探索，主要体现在以下几个方面。

缩小城乡居民收入差距研究一直备受国外学术界的重视，现有研究文献汗牛充栋。正如德国思想家歌德所指出的："凡是值得思考的事情，没有不是被人思考过的；我们所必须做的只是试图重新加以思考而已。"刘伟博士就是把被人思考过的，而又必须重新思考的问题作为研究的切入点，大胆探索，另辟蹊径。将自然科学中的系统论方法与制度研究有机融合在一起，应用于制度研究之中。结合系统论的理论方法构建制度系统分析方法框架，并对中国城乡居民收入差距的扩大予以制度系统的实证分析。研究结果显示出这个方法对现实有着高强的说服力和解释力。作者这种大胆探索尝试是值得鼓励的，也是具有实践意义的。

尤其是制度系统分析方法综合了公平与效率对城乡居民收入差距问题的分析。新制度经济学派以实现收益最大化为目标建立了理论学说，用经济绩效的大小来衡量制度效率的高低。但是对于城乡居民收入差距问题的制度分析则不仅仅是效率的问题，还包括公平，并且应该以公平为主，因此作者在对影响城乡居民收入差距的制度进行分析时，综合协调了公平与效率标准，把二者有机结合在一起，提高了分析问题的客观性和科学性，凸显出本研究的一大亮点。

理论与实践紧密结合。基于制度系统特征分析、制度系统影响机制分析、制度系统的 Logistics 分析、制度系统突变分析，提出了宏观层面的制度整体改革思路；基于对灰关联熵和灰关联系数结果分析，提出了实践层面的制度改革思路。使改革的思路建立在对真实世界分析的基础上，提供了改革措施的针对性和可行性。

应用制度系统方法分析研究中国城乡居民收入差距问题的难度极大，用什么理论、选择什么变量、结论如何解释等对作者来说具有很大的挑战性，是一种探索性的研究尝试。因此，本书中作者研究得出的有些结论和采用的分析方法难免会存在一些让读者质疑的地方。我希望刘伟博士在已取得的研究新起点上，与时俱进，继续努力探索，不断深化对缩小我国城乡居民收入差距实践的认识，不断充实完善自己的学术观点，不断实现自我超越，力争在缩小我国城乡居民收入差距的研究中，取得更新更多的成果。

最后，我要强调指出的是：我国是一个发展中大国，目前尚处于工业化中期阶段，缩小城乡居民收入差距还有一个历史过程。考察世界各国城乡居民收入差距的变迁过程，城乡居民收入差距扩大是世界各国工业化进程中普遍存在的基本现象，目前那些高度发达的工业化国家同样遭遇过城乡居民收入差距不断扩大这一难题。但是我们必须清晰地认识到,政府行为方式的选择及其效果对缩小城乡居民收入差距具有举足轻重作用,要缩小城乡居民收入差距,政府的作用至关重要,这是世界工业化发展进程中的一条普适性规律。因此缩小我国城乡居民收入差距,必须全面深化改革,从政府制度安排上解剖深层原因,因地制宜、与时俱进地创新出台解决问题的重大举措,彻底破除根源于体制、机制上的重重阻力。然而,时下深化改革的呼声虽然很高,但改革的阻力与难度相当大,要打破改革的阻力,不仅执政党需要有非凡的执政魄力,而且社会各阶层更需要形成合力、积极给力!我们坚信:只要阻碍深化改革的这块"坚冰"被彻底打破,缩小城乡居民收入差距这条"航路"所要达到的目标也就不会遥远了。

茶洪旺
2016 年初秋于北京邮电大学

摘　　要

　　城乡居民收入差距的扩大已经是我国经济发展和社会进步过程中的一个热点和难点问题，引起了人们的广泛关注。时下，对于城乡收入差距问题的研究文献可谓是汗牛充栋，仁者见仁，智者见智。本书在积极借鉴前人研究成果的基础上，另辟蹊径，采用制度系统的方法，探讨影响城乡居民收入差距的制度机制，提出改革思路，为加快缩小城乡居民收入差距献计献策。

　　本书把对制度系统以及制度系统特征的探讨和分析作为着力点，认为复杂联系的具体制度安排所组成的制度集合符合系统定义及其特征，构成制度系统。进而为制度研究采用系统论相关分析方法构建制度系统分析方法提供了理论支持。制度系统分析方法主要涉及三个方面：一是基于logistics模型构建的制度系统演化模型，能够反映出公平与效率之间的交叉影响，并且可以判定制度系统的均衡点位置以及稳定性；二是制度系统灰关联熵，能够在制度系统相关数据有限的情况下，得到反映制度系统城乡居民收入差距状态的制度系统灰关联熵，并且可以根据熵变的大小和正负判断制度系统的演化方向和内部稳定程度；三是制度系统尖点突变模型，能够判断制度系统突变的临界点，并可以通过对临界点的稳定性分析来判定制度系统是否存在突变的可能。

　　历史与逻辑紧密结合是本书采用的一种研究方法，本书从两个维度分析了中国城乡居民收入差距扩大的历史、现状和特征，一是梳理新中国自成立以来城乡居民收入差距的制度变迁，几乎每一次城乡居民收入差距波动的节点都存在重大的改革。二是将城乡居民收入差距与中国的转型期相联系，通过比较分析美国、日本等国家在其转型期城乡居民收入差距变动的表现，来比较认识中国转型时期的城乡居民收入差距特征，中国的转型期主要是由于制度的改革和转型，城乡居民收入差距的波动与改革政策密切相关。

本书在对新中国成立以来城乡居民收入差距扩大的历史、现状、特征进行分析的基础上，对城乡居民收入差距扩大的制度影响机制进行分析和验证。通过对影响城乡居民收入差距的制度系统进行梳理的分析，提出了制度的影响机制：一是城乡居民收入差距是在制度系统多因素共同影响下演化的结果；二是导致城乡居民收入差距扩大的众多原因背后的根本原因是制度，并利用相关数据进行了验证。

应用制度系统分析方法的三个方面分别对制度系统进行实证分析。先是将1983—2009年的制度系统根据城乡居民收入差距变动特点从1997年分成两个时期，形成两个制度系统。以城乡居民收入差距作为公平变量，人均GDP作为效率变量，应用制度系统演化模型对这两个时期的制度系统进行分析和比较，这两个时期制度系统的稳定均衡点和城乡居民收入差距与人均GDP之间的交叉影响都存在较大差异。选择六个省的城乡可支配收入和城乡居民收入的来源构成分别应用制度系统灰关联熵分析方法和尖点突变模型进行分析，这两个方面都反映出制度系统远离平衡状态，存在突变可能。

最后根据全书所作的分析，提出加快缩小中国城乡居民收入差距的制度改革思路。

本书的主要创新点体现在三个方面。

1. 制度系统分析方法的构建

制度是一套规则体系，康芒斯（John Commons）在其著作中提出的制度具有整体性的特点，而系统论的核心思想是系统的整体观念，任何系统都是一个有机的整体，它不是各个部分的机械组合或简单相加，这也与制度的特点相吻合，两个领域存在交叉的可能。李志强提出将系统科学应用于制度研究，构建制度系统论，但是并没有构建出一个能够应用于制度分析的制度系统分析框架。本书采纳制度系统的观点，通过梳理制度理论中系统思想，结合系统论的部分理论方法构建制度系统分析框架。

本书构建的制度系统分析方法框架的另一个特点是应用性。它能够在现实中得到应用，且能够很好地解释现实并被现实所支持，证明了本书所构建的制度系统分析方法的科学性。可以这样说，本书在城乡居民收入差距的制度分析中所应用的分析框架，不仅是对制度系统分析方法框架的一个检验，而且是对一种方法创新的检验，体现出本书研究成果的一大特色。

2. 制度系统分析方法对城乡居民收入差距问题的分析

诺斯（D. North）对制度变迁的分析所依据的是制度效率目标，而他用来衡量制度效率的标准为经济绩效，认为制度可以降低交易费用，从而可以提高经济绩效。但是对于城乡居民收入差距问题的制度分析则不仅是效率的问题，还包括公平，并且应该以公平为主，这样，我们在对制度分析的时候就存在着与诺斯评判标准的根本差别，综合协调公平与效率，这也是本书在采用制度系统分析方法进行制度分析的重点和难点，也是一个亮点。

3. 依据本书所构建的框架进行分析，提出缩小城乡居民收入差距改革的思路

改革思路本身不一定是一个亮点，而能够凸显其地位的恰恰是所构建的系统分析框架，通过制度系统分析方法框架分析所得出的改革思路才是重要特色，更重要的是，证明了我们所提出的解决问题的办法，是建立在我们对真实世界分析基础上的，而不是凭空设想出来的。

ABSTRACT

The Expanding of urban-rural income gap has become a hot and difficult problem in the process of China's economic development and social progress. So it has caused public concern, and there are so many researchers to research on the urban-rural income gap, but everyone thinks in his way. Based on the forefathers' idea, this paper uses the system method to explore the institutional law which may has impact on urban-rural income gap, and then give out the reform ideas for narrowing urban-rural income gap.

This paper takes the discussion and analysis of the institutional system and its characteristics as a focal point, and thinks that institution set which is made up of complex connection institution arrangement fit the definition and characteristics of the system, so that it can be a system. This provides theoretical support for using system theory method to construct the system analysis system to study institution.

The institutional system analysis method which is constructed in the paper mainly involves three aspects: (1) constructing an institutional system evolution model based on logistics model, it can reflect the cross influence between fairness and efficiency, and also can determine institutional system equilibrium point and stability; (2) gray relational entropy which can reflected institutional system status and urban-rural income gap with limited relevant data, according to the entropy change size and positive and negative to judge the evolution direction of institutional system and internal stability degree; (3) the cusp catastrophe model of institutional system which can judge the critical point of system mutation, and to determine whether the institutional system can the existence of mutation may through the stability analysis of the critical point.

Combining history and logic was one of the methods in this paper. There are two aspects to analysizing history, status quo, characteristics of the expanding of urban-rural income gap in China. (1) The author want to realize and combing the institutional change of the urban-rural income gap in China since the founding of the country. This paper finds that there was a big reform almost every time when urban-rural income gap changed. (2) The author combine urban-rural income gap with Chinese transition period. Through comparative analysis of performance about American, Japan in the change of the urban-rural income gap in their transition periods, this paper analysized characteristics of the urban-rural income gap in the transition period of China. Chinese transition period was mainly due to the reform and transitions of institutional reform policy, the fluctuation the urban-rural income gap are closely related to the reform policy.

The part of institution reasons based on thought of institutional evolution, teases apart the institution causes which influence the urban-rural income gap, and uses the related data to verify it and mainly obtains two conclusions: one is the urban-rural income gap is the evolution results of the combined effect of multiple factors in institutional system; the other is the fundamental reason behind the cause of expand the urban-rural income gap is the institutional system.

Then empirical analysis is done to the institutional system from three aspects of the system of three systems analysis methods. Firstly, the institutional system between 1983 and 2009 is divided into two periods from 1997 according to the changing characteristics of urban-rural income gap. With the urban-rural income gap as fair variables and GDP per capita as efficiency variables, system evolution model is applied to analyze and compare system in two periods. The Cross impact among stable equilibrium of institutional system in two periods, urban-rural income gap and GDP per capita are quite different. Urban-rural disposable income and rural residents' income sources constitute in six provinces are analyzed by the analysis method of grey correlation entropy and the cusp catastrophic model. The two aspects reflect that institutional system is far away from equilibrium and exists mutations.

According to the analysis in the paper, reform of accelerating narrowing urban-rural income gap in China is put forward.

The main innovations of this paper include three:

1. The construction of institutional system analysis method

The institution is a system of rules. Commons proposed that institution is holistic in his book, which is summarized from the perspective of institutional system. Li Zhiqiang proposed system science applied to researching institution and construction of institutional system theory; no one can construct an analytical framework of system method that institutional analysis can be applied to.

This paper is based on institutional system to build a institutional system analysis framework. Construction of this framework is based on the system theory and combined with related institution theories and opinions. The core idea of the system theory is the concept of the whole, any system is an organic whole, it is not a mechanical combination or the simple sum of all parts, which also coincides with the characteristics of the system. The intersection of two areas exists.

Another feature of the systems analysis framework in this paper is that its application can be applied in the real world, well explained the reality and supported by the establishment which is an important symbol of a theory. And this paper applies this analytical framework in the institutional analysis of urban-rural income gap. This application is an innovation, and it will test on the Institutional framework for system analysis method. This will be the most important innovations and the biggest feature of this paper.

2. Analysis on the problem of urban-rural income gap by institutional framework for system analysis method

Douglass North analyzed the institution changing based on the efficiency goals of institution, and institution efficiency standards which he used to measure is economic performance. He believed that the institution can reduce transaction costs to improve economic performance. But institutional analysis of urban-rural income gap is not just efficiency, but also fairness; even fairness should be basic. So when we analyze the institution, it is fundamental different from North's criteria. Comprehensive coordination of fairness and efficiency is also the key consideration in this paper when using institutional system framework for system analysis method to analyze the institution.

3. Proposing reform ideas of narrowing urban-rural income gap based on the analysis presented in this paper

Reform ideas are not a bright spot, but it can be precisely highlighted its position by the institutional system analysis method. Reform ideas after analyzing the systems analysis framework is the most important innovation and also will be important features in this paper, and prove that our method is based on the reality analyse, and not fantastic.

目 录

第一章 导论 …………………………………………………… (1)
  一 问题的提出 ……………………………………………… (1)
    (一) 选题背景 …………………………………………… (1)
    (二) 研究意义 …………………………………………… (4)
  二 内容结构 ………………………………………………… (5)
  三 研究方法 ………………………………………………… (7)
    (一) 文献研究法 ………………………………………… (7)
    (二) 实证分析法 ………………………………………… (8)
    (三) 系统分析法 ………………………………………… (8)
  四 主要创新点 ……………………………………………… (8)
    (一) 制度系统分析方法的构建 ………………………… (8)
    (二) 制度系统分析方法对城乡居民收入差距问题的
        分析 ……………………………………………… (9)
    (三) 依据本书构建框架进行分析，提出缩小城乡居民
        收入差距改革思路 ……………………………… (9)

第二章 文献综述 ……………………………………………… (10)
  一 国外文献综述 …………………………………………… (10)
  二 国内文献综述 …………………………………………… (14)
    (一) 制度限制的生产要素导致城乡差异 ……………… (14)
    (二) 制度限定的城乡分割的分配机制 ………………… (15)

（三）基于制度总体视角的研究……………………………（16）
　　　（四）制度改革下的社会发展进程………………………（18）
　三　构建制度系统论分析框架的理论综述………………………（19）

第三章　制度系统及特征……………………………………………（22）
　一　制度系统的内涵………………………………………………（22）
　二　制度研究中的系统思想………………………………………（23）
　　　（一）制度经济学中的系统观……………………………（24）
　　　（二）整体主义和演化主义的优势………………………（29）
　　　（三）系统论在制度研究中的应用展望…………………（30）
　三　制度系统特征…………………………………………………（32）
　　　（一）制度系统的两个特征………………………………（32）
　　　（二）中国改革开放的制度系统特征分析………………（35）

第四章　制度系统分析方法…………………………………………（38）
　一　制度系统演化模型……………………………………………（38）
　　　（一）Logistics 模型………………………………………（38）
　　　（二）公平与效率目标下制度系统模型构建……………（40）
　　　（三）稳定性分析…………………………………………（41）
　二　制度系统灰关联熵……………………………………………（48）
　　　（一）城乡居民收入差距的度量方法……………………（48）
　　　（二）熵的基本概念与熵分析方法………………………（57）
　　　（三）灰关联熵分析方法…………………………………（60）
　三　制度系统尖点突变模型………………………………………（63）
　　　（一）突变理论及其应用…………………………………（63）
　　　（二）制度系统的尖点突变模型…………………………（66）

第五章　中国城乡居民收入差距扩大的历史、现状和特征……（70）
　一　新中国成立以来城乡居民收入差距扩大的历史
　　　演进过程………………………………………………………（70）

（一）改革开放之前城乡居民收入差距的演进过程……（70）
　　　（二）改革开放之后城乡居民收入差距的演进过程……（74）
　二　基于国际比较的中国转型期城乡居民收入差距
　　　特征分析……………………………………………………（85）
　　　（一）国际比较：发达国家转型过程中的城乡居民
　　　　　　收入差距………………………………………………（86）
　　　（二）中国转型期城乡居民收入差距的特征……………（92）
　　　（三）结论……………………………………………………（95）

第六章　城乡居民收入差距扩大的制度影响机制……………（96）
　一　制度影响机制分析……………………………………………（97）
　　　（一）多因素共同影响………………………………………（97）
　　　（二）根本原因是制度整体…………………………………（98）
　二　制度影响机制的实证分析…………………………………（102）
　　　（一）制度变量选择及模型设计…………………………（102）
　　　（二）实证结果及其分析…………………………………（107）
　三　小结…………………………………………………………（111）

第七章　中国城乡居民收入差距扩大的制度系统实证
　　　　分析………………………………………………………（113）
　一　中国制度系统演化的实证分析……………………………（113）
　　　（一）变量数据选择………………………………………（113）
　　　（二）模型拟合……………………………………………（115）
　　　（三）制度系统中公平与效率之间存在交叉影响的
　　　　　　验证…………………………………………………（116）
　　　（四）相关参数的估计值…………………………………（117）
　　　（五）均衡点及其稳定性分析……………………………（119）
　　　（六）制度系统的评价分析………………………………（120）
　　　（七）结论…………………………………………………（121）
　二　制度系统尖点突变实证分析………………………………（122）

（一）城乡可支配收入制度系统稳定性分析 ………… （122）
　　（二）按照收入来源构成的制度系统稳定性分析 ……… （128）
三　实证结果分析 ………………………………………………… （134）
　　（一）按照收入来源构成的制度系统实证结果分析 …… （135）
　　（二）城乡可支配收入制度系统实证结果分析 ………… （140）

第八章　加快缩小中国城乡居民收入差距的制度改革思路 …………………………………………………… （144）

一　宏观层面的制度整体改革思路 ……………………………… （144）
　　（一）遵循制度系统特征规律 ……………………………… （144）
　　（二）对制度进行全面改革 ………………………………… （145）
　　（三）保持制度系统的开放性 ……………………………… （146）
　　（四）加快原有制度系统的转变 …………………………… （147）
二　实践层面的制度改革思路 …………………………………… （148）
　　（一）继续保持农村居民经营性收入的相对优势 ………… （148）
　　（二）逐步增加农村居民的工资性收入 …………………… （150）
　　（三）增加农村社会保障，提高转移性收入 ……………… （151）
　　（四）提高农村居民财产性收入 …………………………… （152）
　　（五）促进西部地区农村居民收入的提高 ………………… （153）

附录1　制度系统中具体制度的代理变量数据 …………… （155）

附录2　六省城乡可支配收入制度系统灰关联熵计算过程 …… （156）

附录3　城乡可支配收入来源构成制度系统灰关联熵计算过程 ……………………………………………………… （160）

参考文献 ……………………………………………………… （166）

谢辞 …………………………………………………………… （178）

图表目录

图 1-1　城乡人均收入比走势图 …………………………………… (2)
图 1-2　技术路线图 ………………………………………………… (7)
图 3-1　制度系统演化路径 ………………………………………… (37)
图 4-1　制度系统演化模型示意图 ………………………………… (39)
图 4-2　制度系统的四个均衡点 …………………………………… (41)
图 4-3　洛仑兹曲线 ………………………………………………… (50)
图 4-4　(u, v) 平面上的分歧点集方程图 ……………………… (67)
图 4-5　尖点突变模型图 …………………………………………… (68)
图 6-1　城乡收入差距与制度之间的影响机制 …………………… (111)
图 7-1　两个时期制度系统的均衡点 ……………………………… (119)
图 7-2　灰关联熵变动趋势图 ……………………………………… (125)
图 7-3　拟合效果图 ………………………………………………… (127)
图 7-4　灰色熵变动趋势图 ………………………………………… (131)
图 7-5　拟合效果图 ………………………………………………… (133)
图 7-6　四类收入的 $|P*\ln P|$ 值走势图 ……………………… (136)
图 7-7　函数 $y=|P*\ln P|$ 的图像 ……………………………… (137)
图 7-8　各省收入的 $|P*\ln P|$ 值走势图 ……………………… (140)

表 3-1　改革开放后的公平与效率 ………………………………… (33)
表 3-2　改革开放前人均 GDP 和基尼系数 ……………………… (36)
表 3-3　改革开放前后的效率与公平 ……………………………… (36)

表 4-1	制度系统模型均衡点的稳定性分析	(48)
表 4-2	基本突变模型表	(64)
表 5-1	改革开放之前城乡居民收入差距	(71)
表 5-2	农村居民收入增速	(77)
表 5-3	国有企业职工人数	(78)
表 5-4	居民消费价格指数和粮食数据	(79)
表 5-5	全国乡镇企业增加值表	(81)
表 5-6	城乡转移性收入对比表	(81)
表 5-7	农村居民纯收入及来源	(82)
表 5-8	城乡居民家庭人均可支配收入	(84)
表 5-9	美国非农业和农业劳动力人均收入及城乡居民收入差距	(87)
表 5-10	日本的城乡居民收入差距	(89)
表 5-11	日本三次产业结构的比例变化	(90)
表 5-12	改革开放后中国三次产业结构的变化	(93)
表 6-1	各个具体制度的衡量所选择的代理变量对应表	(103)
表 6-2	城乡居民收入差距与各因素的相关系数表	(107)
表 6-3	回归结果表	(108)
表 6-4	模型6、模型7回归结果	(109)
表 6-5	回归良好模型因素总结	(110)
表 7-1	1983—2009年人均GDP和城乡居民收入差距	(114)
表 7-2	拟合过程中的数据选择	(116)
表 7-3	非线性拟合与非线性平面拟合的比较	(117)
表 7-4	拟合的检验结果	(117)
表 7-5	参数估计值	(118)
表 7-6	换算后的参数估计值	(118)
表 7-7	两个时期制度系统的均衡点	(118)
表 7-8	六省1998—2010年农村与城镇居民可支配收入	(123)
表 7-9	各年灰关联系数	(124)
表 7-10	灰关联熵	(124)

表 7-11	拟合参数结果 ……………………………………	（126）
表 7-12	拟合度检验结果 …………………………………	（126）
表 7-13	1996—2010年农村和城镇居民收入的来源构成 ………………………………………………	（129）
表 7-14	各年灰关联系数 …………………………………	（130）
表 7-15	灰关联熵 …………………………………………	（131）
表 7-16	拟合度检验结果 …………………………………	（132）
表 7-17	拟合参数结果 ……………………………………	（132）
表 7-18	四类收入的｜P*lnP｜值表 ………………………	（135）
表 7-19	各省收入的｜P*lnP｜值表 ………………………	（141）

第一章

导　论

一　问题的提出

（一）选题背景

改革开放以来，中国经济长期高速增长，为举世瞩目，2006年，中国外汇储备上升为世界第一，2011年，中国成为世界第二大经济体，但在如此令人瞩目的成就背后却是城乡居民收入差距的不断扩大，中国城乡居民收入比由1978年的2.57扩大到2010年的3.23（如图1-1所示）。世界多数国家和地区的城乡居民收入之比为1.5左右，超过2的极少，中国已经远超这个警戒点，[1]甚至有学者认为，如果算上城市居民的隐性收入，"城乡居民收入差距至少在5∶1"[2]，已经成为世界上城乡居民收入差距最大的国家。我们应该清楚地认识到，中国城乡居民收入差距的扩大将会引发一系列社会问题，也会成为社会进步和经济发展的桎梏，因此必须予以重视，否则后果不堪设想。

近年来，城乡居民收入差距扩大成为中国学术界关注的热点问题，大家从不同的视角分析、研究如何缩小城乡居民收入差距的问题。韦伟、傅勇（2004）认为，户籍制度等限制人口流动的因素的存在导致城乡居民收入差距。[3]也有一些学者认为，是教育不公平导致了城乡居民收入差距，白雪梅（2004）通过实证分析得出中国教育的不平等程度和收入不平等程度呈正相关的结论，[4]还有一些学者提出了社会等级的原因，陶纪坤（2008），谷成、李俊毅（2004），

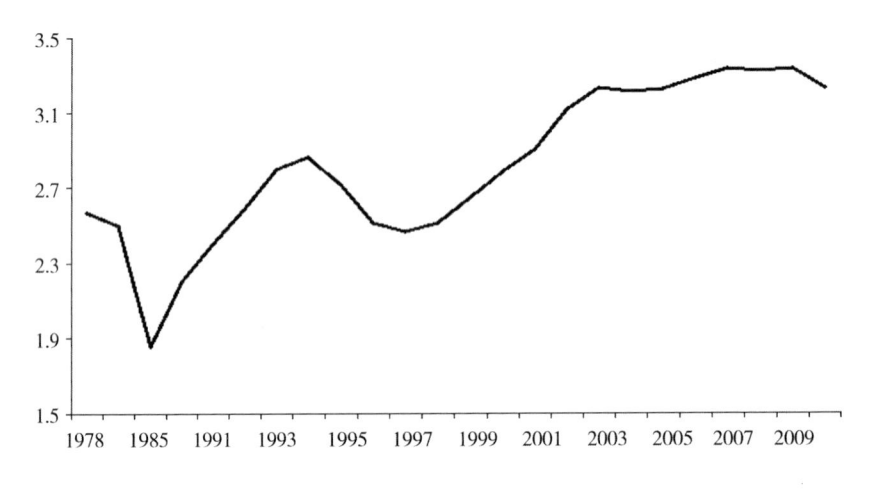

图 1-1 城乡人均收入比走势图

张翼（2010）等学者归结为社会保障制度的原因。[5][6][7]普通民众也将包括城乡居民收入差距问题在内的社会问题的解决或改善寄希望于制度改革，中共十八大所提出的收入分配制度改革和2020年收入翻番计划令民众欢欣雀跃。但是，我们也应该清楚对制度进行改革，需要充分了解制度，了解制度的变迁规律。

诺斯（D. North，1990）认为："制度是一个社会的博弈规则，更规范地说，它们是决定人们的相互关系的系列约束。"[8]通过制度改革，可以改变原有对于人们相互关系的相对约束，从而改变现有的一些社会问题。制度是一套规则体系，各个规则相互影响，单纯某一项规则的改变是否能发挥预想的效果仍然需要考虑。这也就引发了我们对于城乡居民收入差距制度改革的疑问，是不是单纯就制度体系中某一个制度进行改革就能够起效？是不是细枝末叶的修补就能够缩小收入差距？

《管仲论》中有一句话说："夫功之成，非成于成之日，盖必有所由起；祸之作，不作于作之日，亦必有所由兆。"① 用这句话理解

---

① 《管仲论》选自《古文观止》。作者苏洵，是一篇史论，以管仲死而齐国乱为例，论证了举贤任能是保障国家长治久安的根本，指明了政治家培养选拔接班人的重要性。

制度就是说，对于当前城乡居民收入差距问题的制度根源，不能仅从当前去寻找，应该追溯以往制度的各种变化。制度变迁理论对制度变迁规律进行了研究，诺斯是制度变迁理论的代表人物，并因此获得1993年度诺贝尔经济学奖。诺斯更看重渐进性的制度变迁，认为绝大多数的制度变迁都是渐进的，正式的法律发生的变化是无数次具体的微小的变化累积而成的，这些微小的变化在整体上构成了根本性的制度变迁。

持有制度自发演化观点的另一个代表人物是哈耶克（Friedrich Hayek），他的思想浓缩在"自发扩展秩序"概念中，认为社会制度是在人们相互交往的过程中，通过诸多未明确意识到其行为结果的人的行动，经由"试错过程"和"适者生存"的选择机制而逐渐生成并演化扩展的。[9]这种思想借鉴了达尔文（Charles Darwin）的进化论，①认为作为自发秩序的制度是无意识地自发演化的产物，社会制度也存在人为秩序，而人为秩序是理性设计的产物，由于人的理性是有限的，以人类有限的理性试图创造复杂的秩序，只是不可企及的愿望，这也就是哈耶克所谓的"致命的自负"。

这尽管较好地解释了制度变迁，但是也存在一定的问题。制度是一整套规则体系，规则之间相互影响。一些文献将户籍制度作为城乡居民收入差距的根本，但是现实中已经存在一些改革，比如取消了农业户口和非农业户口的区分，暂住证也改为了居住证，但是这些政策只是形象工程，并没有改善差距，原因就在于跟户籍制度相关联的其他制度没有改革。土地制度、社会保障制度、教育制度等都跟户籍制度相关联，尽管户籍制度中做出了一些改变，但是其他制度不变，也就限制了改革的效果。

影响城乡居民收入差距的制度也是复杂的，缩小城乡居民收入差距的制度改革就是将问题的解决寄希望于人为设计制度，但是所设计的制度是否能够按照预想的路径推进？改革既是制度设计，就不能单

---

① 达尔文的生物进化论思想对经济学产生了深远的影响，但是其思想渊源却跟经济学密切相关。生存竞争的思想源自马尔萨斯的《人口论》，同时物竞天择是从亚当·斯密的市场竞争思想理论中借鉴的。

纯地想象成为在一个真空环境下进行的完全重新安排，仍然会受到原有制度路径的限制和影响，在这样的复杂情况下，应该如何进行制度改革？

有鉴于此，本书另辟蹊径，采用制度系统方法来研究缩小中国城乡居民收入差距扩大问题，为打破阻碍缩小城乡居民收入差距的制度瓶颈，出台一系列协调配套的综合改革措施提供一个新思路。

（二）研究意义

当前城乡居民收入差距问题已经是中国经济发展和社会进步过程中的一个严重障碍。如果一个国家城乡居民收入差距的不断扩大超过了人们的心理承受能力底线，低收入群体就会把对收入差距扩大的不满，转化为对整个社会的不满、对政府的不满，从而引致破坏社会秩序的极端行为，社会矛盾冲突不断滋生，进而增加政府的社会管理成本。近几年来，中国的地方群体事件比以往更为多发，城乡居民收入差距过大就是其中的一个重要原因。由此可见缩小城乡居民收入差距的迫切性及重要性。

城乡居民收入差距在改革开放30多年来不断拉大，政府出台了不少解决城乡居民收入差距扩大的对策措施，但是收效不尽如人意。为什么政府对城乡居民收入差距的治理措施收效较小，反而在治理中又呈现出扩大的趋势？正是直面这一现实问题，笔者选择了"缩小中国城乡居民收入差距的制度研究"作为论题。

本书将基于制度系统方法的分析，从制度系统的角度分析制度的一些规律，细小的改革可能会被制度系统的自稳定性所抵消；而改革是一个演化过程，不会立竿见影。本书按照制度规律提出的改革思路，将对缩小城乡居民收入差距的制度制定提供有效参考，对避免城乡居民收入差距所引发的社会问题，具有重要的现实意义。

同时，本书的研究将会为城乡居民收入差距问题的研究提供重要的理论价值。

一是从制度系统的角度分析城乡居民收入差距的制度原因，这在理论上会为全面、系统地认识影响城乡居民收入差距的制度提供一个新的分析方法：制度系统论方法。制度系统论方法是应用整体主义思想将制度看作具有系统的全部特点的一个复杂系统，依据系统论的部分观点和方法对制度系统进行全面的系统认识，有望能扩展系统理论的应用领域，丰富制度理论。

二是将制度的演化变迁作为城乡居民收入差距问题的一个重要影响因素，利用制度系统论分析方法为全面认识城乡居民收入差距问题提供一个新方法，也能够为解决城乡居民收入差距问题提供新的理论依据。为解决城乡居民收入差距问题进行制度改革，需要全面认识制度，全面掌握制度与城乡居民收入差距之间的关联。只有这样，才能有效地制定出城乡居民收入差距的改革政策。因此，本书的研究会为城乡居民收入差距扩大问题的解决提供理论上的参考。

二 内容结构

本书从中国城乡居民收入差距这一现实背景出发，首先从理论方面进行探讨，构建了一个适当的分析框架。其次用这个框架分析中国城乡居民的收入差距问题。本书分为八章。

第一章"导论"。主要包括问题的提出、研究思路、研究方法、主要创新点。通过导论部分，展现本书研究的重要性、观点、思路及方法。

第二章"文献综述"。分别从国外、国内对城乡居民收入差距的制度原因研究进行梳理。尽管很多研究都找出了一些包括二元经济结构、劳动力转移限制、教育差异等导致城乡居民收入差距的制度原因，但是笔者认为，城乡居民收入差距并不是某一项制度因素单独影响的结果，而是许多因素共同影响的结果，因而可以从制度系统的视角进行分析，这也为本书的研究找到了一个分析视角。

第三章"制度系统内涵"。对制度系统内涵加以分析和论证。复杂联系的具体制度安排所组成的制度集合符合系统定义及其特征，构成了制度系统。而制度系统的分析视角在过往的制度经济学家及其制度研究中能够找到痕迹，成为这一研究视角的重要依据。随后对制度系统以及制度系统的特征进行探讨和分析，这也就确认了制度系统可以采用系统论相关分析方法构建制度系统分析方法。

第四章"制度系统分析方法"。本书所构建的制度系统分析方法主要涉及三个方面：一是基于 logistics 模型构建的制度系统演化模型，能够反映出公平与效率之间的交叉影响，并且可以判定制度系统的均衡点位置以及稳定性；二是制度系统灰关联熵，能够在制度系统相关数据有限的情况下，得到反映制度系统城乡居民收入差距状态的制度系统灰关联熵，并且可以根据熵变的大小和正负判断制度系统的演化方向和内部稳定程度；三是制度系统尖点突变模型，能够判断制度系统突变的临界点，并可以通过对临界点的稳定性分析来判定制度系统是否存在突变的可能。

第五章"中国城乡居民收入差距扩大的历史、现状和特征的描述分析"。通过对影响中国城乡居民收入差距扩大的相关制度的描述和分析，来认识和梳理自新中国成立以来城乡居民收入差距的制度变迁，几乎每一次城乡居民收入差距波动的节点都存在重大的改革。并将城乡居民收入差距与中国的转型期相联系，通过比较分析美国、日本等国家在其转型期城乡居民收入差距变动的表现，来比较认识中国转型时期的城乡居民收入差距特征，中国的转型期主要是制度的改革和转型，城乡居民收入差距的波动与改革政策密切相关。

第六章"城乡居民收入差距扩大的制度影响机制"。通过对影响城乡居民收入差距的制度原因进行梳理和分析，提出了制度的影响机制：一是城乡居民收入差距是在制度系统多因素共同影响下演化的结果；二是导致城乡居民收入差距扩大的众多原因背后的根本原因是制度，并利用相关数据进行了验证。

第七章"中国城乡居民收入差距扩大的制度系统实证分析"。应用制度系统分析方法的三个方面分别对制度系统进行实证分析。先是将 1983—2009 年的制度系统根据城乡居民收入差距变动特点以 1997 年为界分成两个时期，形成两个制度系统。将城乡居民收入差距作为公平变量，人均 GDP 作为效率变量，应用制度系统演化模型对这两个时期的制度系统进行分析和比较，两个时期的制度系统的稳定均衡

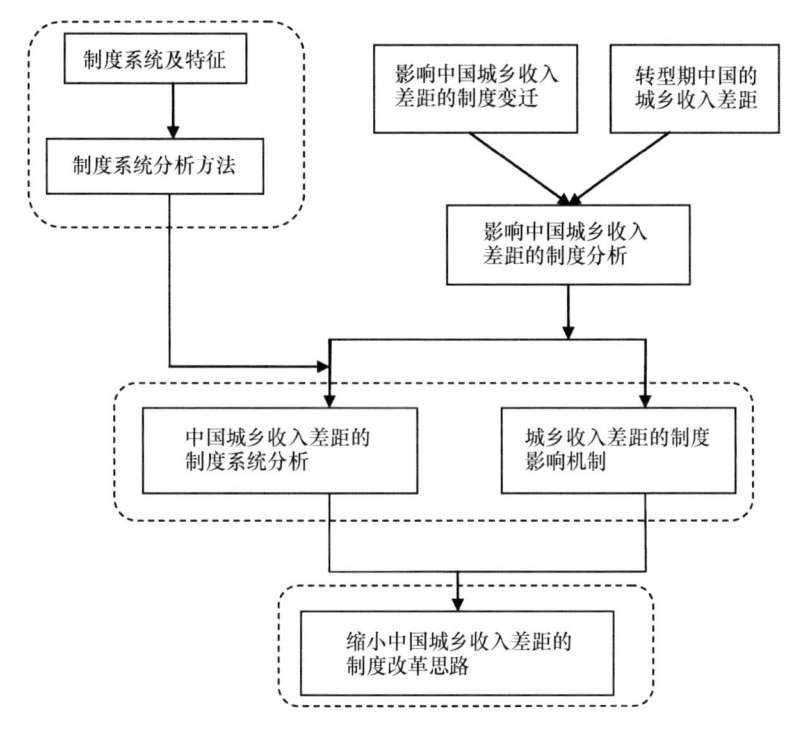

图 1-2 技术路线图

点和城乡居民收入差距与人均 GDP 之间交叉影响都存在较大差异。选择六个省的城乡可支配收入和城乡居民收入的来源构成,分别应用制度系统灰关联熵分析方法和尖点突变模型进行分析,这两个方面都反映出制度系统远离平衡状态,存在突变可能。

第八章则是根据全书内容所作的分析,提出了加快缩小中国城乡居民收入差距的制度改革思路。

全书研究将按照图 1-2 中的技术路线图的思路展开。

三 研究方法

(一)文献研究法

在进行研究时,必然要对现有相关研究做出充分了解,在现有研究的基础上展开,因此必然要用到文献研究法。文献研究法主要指搜集、鉴别、整理文献，并通过对文献的研究，形成对事实科学认识的方法，主要包括搜集文献、整理文献和进行文献综述三个环节。站在巨人的肩膀上，即使跨出的一小步也是有成就的一大步。本书将充分应用文献研究法，将本书研究可能涉及的文献进行搜集，然后加以鉴别整理，将整理出来的文献进行文献综述。通过综述总结他人的成果和不足，作为自己研究的依据，并且构建制度系统分析方法是将系统分析方法与制度分析方法相结合，这需要建立在两个领域文献研究的基础之上，因而文献研究法对本书极其重要。

（二）实证分析法

实证研究需要从大量的经验事实中通过科学的归纳总结出具有普遍意义的结论或规律，然后通过科学的逻辑演绎推导出结论或规律，再把这些结论或规律用现实进行检验。本书将把概括的制度系统分析方法用中国的城乡居民收入差距制度变迁的实际来验证，以增加方法的现实解释力，提高方法的应用价值。

（三）系统分析法

系统分析法来源于系统科学，它从系统的着眼点或角度考察和研究整个客观世界，为人类认识和改造世界提供了科学的理论和方法。本书将制度规则体系看作一个整体，就是从系统整体的角度认识制度，综合考虑制度的复杂性和规则之间的联系，从而为改革提供更有力的参考。

四　主要创新点

（一）制度系统分析方法的构建

制度是一套规则体系，康芒斯在其著作中提出的制度具有整体性的特点，而系统论的核心思想是系统的整体观念，任何系统都是一个有机的整体，它不是各个部分的机械组合或简单相加，这也与制度的特点相吻合，两个领域存在交叉的可能。李志强提出将系统科学应用于制度研究构建制度系统论，但是并没有构建出一个能够应用于制度分析的制度系统分析框架。本书采纳制度系统的观点，通过梳理制度理论中的系统思想，结合系统论的部分理论方法构建制度系统分析框架。

本书构建的制度系统分析方法框架的另一个特点是应用性。它能够在现实中得到应用，且能够很好地解释现实并被现实所支持，证明了本书所构建的制度系统分析方法的科学性。可以这样说，本书在城乡居民收入差距的制度分析中所应用的分析框架，不仅是对制度系统分析方法框架的一个检验，而且是对一种方法创新的检验，体现出本书研究成果的一大特色。

（二）制度系统分析方法对城乡居民收入差距问题的分析

诺斯对制度变迁的分析，依据的是制度效率目标，而他用来衡量制度效率的标准为经济绩效，认为制度可以降低交易费用，从而可以提高经济绩效。但是，对于城乡居民收入差距问题的制度分析则不仅仅是效率的问题，还包括公平，并且应该以公平为主，这样，我们在对制度做出分析的时候，就存在着与诺斯评判标准的根本差别，综合协调公平与效率，这也是本书在采用制度系统分析方法进行制度分析的重点和难点，也是一个亮点。

（三）依据本书构建框架进行分析，提出缩小城乡居民收入差距改革思路

改革思路本身不一定是一个亮点，而能够凸显其地位的恰恰是构建的系统分析框架，通过制度系统分析方法框架分析所得出的改革思路才是重要特色，更重要的是证明了我们提出的解决问题的办法，是建立在对真实世界分析基础上的，而不是凭空设想出来的。

第二章

文献综述

改革开放三十多年来,中国经济长期高速增长,但背后却存在着一些隐忧,其中就包括城乡居民收入差距不断扩大的事实,反映城乡居民收入差距的收入比就由1978年的2.57扩大到2010年的3.23。"不患寡而患不均,不患贫而患不安。"① 城乡居民收入差距的扩大可能会引发一系列社会问题,胡联合等(2005)[11]、白雪梅和王少瑾(2007)[12]、黄少安和陈屹立(2007)[13]都曾经在各自的研究中得出了城乡居民收入差距的扩大会增加违法犯罪的结论,茶洪旺和王亚男(2010)经过分析认为,城乡居民收入差距的扩大既不利于国民经济的可持续发展,也不利于社会稳定。[14]这说明城乡居民收入差距问题会成为社会进步和经济发展的桎梏,因此必须予以重视,时刻加以警觉。

对于城乡居民收入差距不断扩大原因的众多研究,提出了许多不同的见解,仁者见仁,智者见智。本章主要对制度原因的研究进行梳理。

一 国外文献综述

城乡居民收入差距问题很早就受到国外学者的关注,并有着大量的相关研究,但从制度视角研究缩小城乡收入差距的文献并不多见。

---

① 《论语·季氏第十六篇》。

国外研究文献中最早提出导致城乡居民收入差距的原因是工业化。大卫·李嘉图就论证过工业化的发展使得工业和农业两部门的生产方式、产品需求等状况不同,从而导致城乡居民收入差距的产生。[15]而这种观点最终演化为二元经济结构理论,二元经济结构理论是较早将城乡居民收入差距的原因归结为制度因素的研究。

1954年,W. Lewis（1954）提出了二元经济结构理论。二元经济结构,即国民经济中同时存在着两种性质不同的部门:资本主义部门和非资本主义部门。资本主义部门是以现代工业部门为代表,非资本主义部门是以传统方式的农业部门为代表。[16]尽管Lewis主要研究的是城乡间的劳动力转移,但是也揭示了工业部门和农业部门之间由于劳动生产率存在差异,因而城乡间的收入也就存在着差距。G. Ranis & J. Fei（1961）延续了Lewis的二元结构观点,修正了农业剩余劳动力对城市工业部门的扩张作用,完善了二元经济结构模型,并认为经济发展可以分为三个阶段:农业经济、二元结构经济和成熟经济,在二元结构经济中存在着城乡居民收入差距。[17]随着劳动力向工业部门的转移和劳动生产率的提升,二元经济结构逐步转向成熟经济,城乡居民收入差距将会逐步消失（1964）。[18]这其实采纳了库兹涅茨的收入分配差距的倒U形曲线假说（Inverted U-Curve Hypothesis）,即"收入差距不平等的长期趋势可以假设为,在前工业文明向工业文明过渡的经济增长早期阶段迅速扩大,而后是短暂的稳定,然后在增长的后期阶段逐渐缩小"。[19]

一些研究沿着这个分析假说的思路,对中国的城乡居民收入差距进行研究,T. Dennis & H. Zhou（1999）从部门劳动力分配和城乡劳动生产效率的角度对中国城乡居民收入差距进行研究,认为城市产业部门的劳动生产率高于农业部门的劳动生产率,导致城乡居民收入差距,由于城市偏向的政策集合以及城乡人口流动的体制限制等阻碍了农村居民向城市的转移,限制了农业部门和城市产业部门劳动生产率的趋同,因而城乡居民收入差距继续存在。[20] Yang & T. Dennis（1999）和Chen（2002）也都认为,城市偏向的政策对城乡居民收入差距的扩大产生了影响。[21][22] Lu & Chen（2006）通过对改革开放后 1987—2001 年省级面板数据的分析，认为跨省迁移，经济开放，政府参与经济活动正在不断扩大城乡差距。并且还发现，政府支出结构对城乡不平等也有显著的效果，同时也认为，城市化显著地缩小了城乡差距，符合库兹涅茨倒 U 形曲线效应，即城乡居民收入差距会在城市化初期逐步扩大，之后随着城市化的不断推进，城乡居民收入差距会逐步缩小。通过相关数据的实证分析发现，中国的城乡居民收入差距并没有形成倒 U 形，并解释原因说：富裕的农村地区率先进行城市化，甚至也能够负担起转为城市户口的费用、子女高等教育的费用等。[23] Xue（1997）认为，城乡居民收入差距扩大的原因包括城市工人的高劳动生产率、多种多样的补贴以及人口从农村到城市迁移的限制。[24] Lin et al.（2004）认为，人口迁移的确是一种缩小差距的机制，计算得出迁移者对收入差距的反应弹性在 1985—1990 年为 0.197，而在 1995—2000 年间上升到 0.595，但他们也观察到，由于包括户籍制度在内的政府限制移民政策的存在，目前的迁移规模仍不足以缩小现存的收入差距。[25]

也有一些研究将收入差距的原因归结为教育的差异。教育的差异和人力资本的差异基本上是相关联的，整体而言，人力资本素质的高低与受教育程度密切相关。在早期的研究中，如 Schultz（1960），Becker & Chiswick（1966），Mincer（1974），Becker（1975）等利用收入分配的人力资本模型对教育不平等和收入分配之间的关系进行研究，认为人口总体的平均受教育程度和教育分布状况都会影响收入分配状况。[26][27][28][29] Bound & Johnson（1992）认为，教育差异是造成美国 20 世纪 80 年代工资差距拉大的最重要原因。[30] Gregorio & Lee（2002）通过对 1960—1990 年之间 100 个国家数据的实证分析，认为收入分配与人们的平均受教育年限及其分布密切相关，因此教育差距的扩大恶化了收入差距，并提出提高平均教育程度则会减少收入差距。[31]

而一些研究同样将中国城乡居民收入差距的原因归结为教育差异。例如 Zhang & Kanbul（2005）认为，城乡教育差距是造成城乡收入差距非常重要的原因。[32] 教育投入、受教育机会都会造成城乡居民自身素质的差异，从而在择业和未来发展方面形成越来越大的差异。T. Sicular（2007）的观点与之类似，通过利用1995—2002年的调查数据，应用人群亚组非均衡分解法（Inequality Decomposition by Population Subgroup）即 Oaxaca-Blinder 分解方法①分析认为，教育是持续影响城乡居民收入差距的唯一因素，并且经过测算认为城乡间教育水平的差异对于城乡居民收入差异的贡献是25%—30%。[33] Lu 和 Chen（2006）在对城市化与城乡居民收入差距影响的分析中也提到教育因素。城市居民能够承担更多的教育成本，从而有更多的机会获得高等教育的机会，毕业后也有更大的机会获得一份稳定的正式工作，这都会影响城乡居民收入差距。[23] Liu（2005）认为，户籍制度限制农村居民在城市受教育和就业，因而非常鲜明地将城乡居民收入差距的主要原因指向户口制度。[34]

这些学者进行了卓有成效的研究，找到了一些能够解释城乡居民收入差距的制度原因，包括二元经济结构、城市偏向的政策、户籍制度等。二元经济结构本身也是一个宏观概念，它的出现并不完全依赖于单纯的内生经济因素，也包括众多的制度因素。而且，随着经济的发展，二元经济结构应该逐步转向成熟经济，但事实上，二元经济结构并没有消失，其矛头直接指向制度因素。正是受到了各种制度政策的限制，二元经济结构很难消失，其消除将更多地依赖于制度因素的调整与改革。影响二元经济结构的制度因素并不是某几个在起作用，而是众多制度因素共同起着作用。同样，并不是单独的某一项制度就能够导致现在的城乡居民收入差距，而是这些原因的集合也就是制度的整体共同导致的，因而可以将研究的视角从这些具体制度中跳出来，从制度整体这一宏观视角进行研究，这也是本书的重点。

---

① Oaxaca-Blinder 分解方法最初是应用于两个组群之间工资差异均值的分解方法，后来被引入计算收入差距的组间分解。组间分解方法至今大概已经出现了十几种，其中 Oaxaca-Blinder 分解方法是均值分解方法的经典和基础。

二 国内文献综述

20世纪80年代中期,中国城乡居民收入差距在短暂的缩小之后开始逐步扩大,这也逐步引起中国学者对城乡居民收入差距问题的关注,围绕中国城乡居民收入差距展开了多层次、多视角的研究,相关的研究文献不断涌现,为深入认识这一复杂经济现象的本质做出了贡献。在这些文献对于城乡居民收入差距原因的研究中不乏从制度视角进行的,本部分主要对国内学者关于制度原因的相关研究进行系统梳理,以便在此基础上进行探索。

(一) 制度限制的生产要素导致城乡差异

各个生产函数表明,产出依赖于生产要素的投入,一些学者将城乡居民收入差距存在的原因归结于城乡之间生产要素投入的数量或者质量的不同,尤其归结为劳动这一要素。

一些研究将原因归结为劳动力数量的限制。韦伟、傅勇(2004)通过对发展经济学中倒U形曲线假说和收入均等化原理的比较,赞同人口流动是解决收入差距的主要途径,但是,在现实中却发现庞大的城乡人口流动没能有效地缩小城乡间的差距。通过分析研究认为,人口流动的限制因素,即户籍制度,导致农村人口流动成本巨大,加上较低的人力资本禀赋,所以人口流动并没有缩小城乡居民收入差距,反而扩大了城乡居民收入差距。[3] 这些文献的分析,都是从劳动这一要素来进行的,并将劳动力的转移限制作为城乡居民收入差距扩大的原因。

劳动力质量的差异也会导致城乡居民收入差距,徐庆(1997)提出了全新的四元经济模型来分析城乡居民收入差距,并认为,各部门工资增长率不同,导致收入差距不断扩大。[35] 另有一些学者从受教育不公平角度分析城乡居民收入差距的原因。白雪梅(2004)通过实证分析,得出中国教育的不平等程度和收入不平等程度正相关的结论,并且认为,"在中国,不能拒绝平均受教育年限和收入不平等程度之间存在着倒 U 形关系",而中国目前处于倒 U 形的前半阶段,即平均受教育年限的增加会提高收入不平等程度。[4]温娇秀(2007)通过实证分析,验证了中国城乡受教育程度的差异和城乡居民收入差异之间的关系,并认为,教育程度的差异导致劳动生产率的差异,从而导致城乡居民收入差异。[36]陈斌开等(2010)基于 2002 年城镇和农村住户及个人调查数据,采用 Oaxaca-Blinder 分解方法对中国城乡居民收入差距的影响因素进行了分析,结果表明,教育水平差异是中国城乡居民收入差距的最重要影响因素,并进一步分析认为,城市偏向的教育经费投入政策是城乡教育水平、城乡居民收入差距扩大的重要决定因素。[37]这些学者尽管只是分析了受教育程度的差异,但正是城乡受教育的不同导致劳动力质量的差异,从而产生城乡居民收入差距。通过劳动生产率这一中间变量来解释二者之间的传导关系,这样就合理地将二者联系在一起。

(二) 制度限定的城乡分割的分配机制

城乡居民收入差距并不是由初次分配所导致的,以公平为目的的再分配机制也会产生影响,这样的再分配机制同样是制度对城市和农村所造成的藩篱。对于再分配如何产生影响主要有这样几个观点:

一些学者将其归因于社会等级的分配机制。林光彬(2004)认为,中国存在着按社会等级分配的秩序,失衡的财富与收入分配格局、资源的流动性障碍格局与市场等级化格局等一系列制度安排形成了一种"收入差距不断扩大的自我强化机制",所以社会等级关系格局是城乡居民收入差距扩大的根本原因。[2]薛进军(2008)分析了收入差距的诸多原因,认为其中一个原因是阶级阶层结构,人们的阶级阶层位置显著地影响了人们的收入所得。[38]李卫兵(2005)在分析社会地位影响城乡居民收入差距之间的关系时,加入了一个地位收益中间变量,认为地位收益是中国城乡居民收入差距日益扩大的原因,因此社会地位影响城乡居民收入差距的传导机制是城乡间社会地位不同导致了地位收益差异,而地位收益差异导致了城乡居民收入差异。[39]这些研究尽管分别称其为社会等级、阶级阶层和社会地位等,而没有一致的称谓,但都表达出在一定的社会制度下城乡之间处于不一致的社会地位,这样的不一致最终扩大了城乡居民的收入差距。

也有一些学者将其归因于社会保障制度等再分配机制。养老、医疗、失业等社会保障机制应该是缩小收入差距的有效机制,谷成、李俊毅(2004)认为,在中国的二元经济下,社会保障机制在城乡间存在着极大的差异,也表现出二元特征,没有起到应有的作用。[6]陶纪坤(2008)的观点与之类似,通过比较中国城乡间不同的养老、医疗、最低生活保障等社会保障待遇的实际差异,可以发现,社会保障支出不但没有缩小反而扩大了城乡居民的收入差距。[5]张翼(2010)认为,改革开放后在城市建起了较为完善的社会保障制度,而尽管新型农村合作医疗和医疗救助制度在农村建立起来了,但是与城市相比仍然存在着较大差距,城市人均社会保障支出是农村的100倍。采用加上转移性收入前后的城乡居民收入之比的对比发现,转移支付后,城镇居民的人均收入有了较大提高,而农村居民转移支付前后的收入相差无几。这也验证了城乡二元的社会保障制度不但没有缩小城乡居民的收入差距,反而使本来已经很大的城乡居民收入差距进一步扩大。[7]严斌(2007)在其研究中得出类似的结论。[40]这些学者都认同二元社会保障制度这一再分配机制加剧了城乡居民的收入差异,而二元社会保障制度是由一系列法律政策等制度限定的,其改进同样需要制度改革。

(三) 基于制度总体视角的研究

众多学者都通过各自适当的方法对城乡居民收入差距的原因进行验证,并且大多能够用比较符合现实的逻辑关系进行合理解释,对解决城乡居民收入差距问题提供了有价值的参考。但是,为什么有这么多的原因?究竟哪个原因是对的?这么多原因实际上都是制度体系中的具体制度,这些具体制度都是原因,也就说明城乡居民收入差距的根本原因就是制度整体。一些研究也是从制度整体角度展开的。

蔡昉(2003)从制度的供给和需求的角度构建了制度均衡与制度变革的研究范式。需求方是包括生产者、消费者和中间商在内的个人和企业,而供给方则是政府,"退出"(exit)机制是农民对城市偏向政策需求下降的一种途径,农民如果认为对这个政策不满就可以退出。退出机制的完备与否是决定制度供求机制能否产生奇效的根本。但是,在现实中,农民的退出机制并不成立,农民受到户籍制度等的束缚无法退出。通过这样的制度供求分析来判断制度的改革与变迁,这个观点主要是从供求机制的角度寻找原因的。最终的原因仍然是具体的制度安排。[41]廖红丰(2004)通过经济体制的变迁过程对中国城乡居民收入差距问题的影响进行了实证研究,认为国家经济发展战略、城市偏向的户籍管理制度及城乡居民承担改革成本的不平衡性是影响中国城乡居民收入差距变动的三种制度因素。[42]余路平(2008)也分析了制度变迁对中国城乡居民人均可支配收入差距扩大的影响,认为中国居民收入差距扩大的根本原因在于中国制度变迁过程中所实施的一系列政策措施。[43]靳贞来(2006)、李贞容(2008)都运用实证分析的方法发现了制度变迁与城乡居民收入差距之间的关联,并将制度变迁作为原因,[44][45]但是并没有深入分析制度变迁是如何影响城乡居民收入差距的。

曾国安(2007)将影响城乡居民收入差距的因素分为两大类:一类是比较劳动生产率的变化、劳动力素质的相对变化、财产的结构性变化、就业机会的结构性变化、农产品贸易条件的恶化、教育资源向城市的集中、资金向城市的集中、政治权力的结构性变化等自然因素;另一类是政府推行的系统性的城市偏向的制度,包括城市偏向的直接的资源调配制度、城市偏向的贸易制度、城市偏向的金融制度、城市偏向的财政制度、城市偏向的公共物品供应制度、城市偏向的教育制度、城市偏向的社会保障制度、城市偏向的政治权力分配制度等。他认为,城乡居民收入差距的扩大是自然因素和制度因素共同作用的结果,因此要缩小城乡居民收入差距,就必须加快工业化进程,并进行系统性的制度转型。[46]

这些研究尽管发现制度综合因素导致了城乡居民收入差距,但是并没有深入分析为何调节收入差距的制度改革却未能发挥作用。要对此进行深入分析,只能通过制度系统论分析方法来解释。只有完全将影响原因把握住，才能制定出更有效的改革方案。

（四）制度改革下的社会发展进程

库兹涅茨的倒 U 形曲线假说体现出动态发展的思路，认为收入分配的长期变动轨迹是"先恶化，后改进"。一些研究中国城乡居民收入差距的学者赞同这种观点，张红宇（2004）认为，城乡居民收入差距是世界各国工业化过程中长期存在的。原因在于生产力发展水平，在工业化的一定阶段里，工业生产力水平高，而农业生产力水平低，从而导致不同产业部门的就业者收入水平差距。[47]曾国安（2007）同样认为，城乡居民收入差距扩大是工业化过程中的阶段特点。[46]

一些学者沿用这种动态的观点，利用中国的城乡居民收入差距的数据进行实证分析。张建辉、靳涛（2011）对中国的经济转型特征与城乡居民收入差距之间的联系进行了研究，认为中国的经济转型基本上是从所有制结构、市场化进程、对外开放以及地方政府行为模式四个方面展开的。通过构建计量模型和选择相应的变量进行回归分析，验证了经济转型与城乡居民收入差距之间存在线性关系，中国的经济转型扩大了城乡居民的收入差距。[48]

结合社会发展进程这一背景来研究城乡居民收入差距，体现出动态演化的立场，能够避免某种因素就会导致差距的武断。某种因素可能会影响城乡居民收入差距，但是在一定的历史进程中出现的，如果其他的环境发生变化，这样的因素并不一定就会产生同样的结果。因此，这样的分析思路应该坚持。

正如《管仲论》所说："夫功之成，非成于成之日，盖必有所由起；祸之作，不作于作之日，亦必有所由兆。"理解制度，就是说，对于当前城乡居民收入差距问题的制度根源，不能仅从当前去寻找，应该追溯以往制度的各种变化。以诺斯为代表人物的制度变迁理论就是对制度变迁规律进行研究，诺斯认为："制度是一个社会的博弈规则，更规范地说，它们是决定人们的相互关系的系列约束。"[8]并且诺斯更看重渐进性的制度变迁，认为绝大多数的制度变迁都是渐进的，正式的法律发生的变化是由无数次具体的微小的变化累积而成的，这些微小的变化在整体上构成了根本性的制度变迁。

因此，城乡居民收入差距源自制度原因，但并不是某一项或几项制度就一定会导致收入差距的出现，而是众多制度所构成的制度体系共同作用的结果，这也就引发了我们对于缩小城乡居民收入差距制度改革的疑问，是不是单纯就制度体系中某一个制度进行改革就能够起效？是不是细枝末叶的修补就能够缩小收入差距？

这些研究尽管发现了制度综合原因会导致城乡居民收入出现差距，但并没有深入分析为何调节收入差距的制度改革却未能发挥作用。只有完全将影响原因把握住，才能制定出更有效的改革方案。

三 构建制度系统论分析框架的理论综述

许多学者都采用过制度整体的分析视角进行制度研究。诺斯的制度变迁理论认为，制度变迁的动力是组织，组织行为的变化导致制度的变迁，组织的学习行为、目标最大化行为等，尽管这些行为中有些是能够形塑制度结构的，但有些还是促进了制度的变迁，而制度变迁的来源是相对价格的变化和偏好的变化。相对价格发生变化，促使组织行为做出改变，因为变化会为组织带来赢利，这也导致了制度变迁，当然，组织行为面对相对价格变化并不一定总是做出改变。偏好是一种心理或者观念上的变化，观念低成本的表达促使制度变迁。从这些观点上能够看出诺斯更看重渐进性的制度变迁。持有这种观点的很重要原因就是非正式约束只能是渐进性变迁的，即演化的，不可能发生骤变，由于原有的非正式约束的短时间的稳定，通过革命所形成的新的正式规则将逐渐被毁坏，而那些更适宜的约束将重新恢复。

哈耶克（Friedrich Hayek）的"自发扩展秩序"思想体现出制度无意识自发演化观点，汪丁丁对"自发扩展秩序"进行了权威解读，他认为，哈耶克的"自发扩展秩序"概念有两个重要的内容：（1）这个秩序必须是"自发的"，非人为设计的。任何人为的整体设计都会最终破坏这一秩序的"创造性"。(2) 这个秩序必须是能够"不断扩展的","超个人的规则"(如法律)必须受到尊重。[49]这两个内容反映出哈耶克同时反对的两方面谬误：来自理性主义的设计完美秩序的思潮，和来自浪漫主义的不要任何秩序的思潮。这种思想借鉴了达尔文的进化论（当然，哈耶克也认为达尔文的进化思想是从经济学中得到的启发），认为作为自发秩序的制度是无意识的自发演化的产物，社会制度也存在人为秩序，而人为秩序是理性设计的产物，由于人的理性是有限的，任何精英或政府都不可能了解社会成员之间分工合作的无限复杂的细节，试图创造复杂的秩序，只是不可企及的愿望，这也就是哈耶克所谓的"致命的自负"。

尽管哈耶克和诺斯的思想体现着演化的理论，但是还不能将其归为演化经济学派，原因在于他们的理论假设跟演化经济学派存在根本差距。纳尔逊（Richard Nelson）和温特（Sidney Winter）于1982年出版的《经济变迁的演化理论》是演化经济学形成的一个重要标志，该书对正统理论的两大分析支柱——利润最大化和经济均衡进行了批判，他们认为，由于有限理性，经济行为者不可能做到利润最大化，所以只是追求利润，对于经济均衡，认为均衡是暂时的，没有反映经济的动态过程，他们也提出了演化经济学的分析框架：惯例、搜寻和选择。而演化经济学对制度的分析也是按照这一分析框架进行的。[50]

制度是演化的结果，探寻制度演化的规律能够为制度改革提供有效建议。制度改革是制度演化过程中的人为因素。尽管很多的知名学者认为，人类在有限理性下不能设计出足够有效的制度，但是现实中我们有众多的通过法律所确立起来的制度体系和不断的制度改革却是通过人为有意识地设计而构建成的。即使人是非理性的，依然不能阻止人类探寻自然，不能阻止人类不断学习，正如卡尔·波普（Karl Popper）在《历史决定论的贫困》中提出的："人类历史的进程受人类知识增长的强烈影响"。[51]不能因为人的非理性而否认理性，每一项制度在静态上都是在有限的理性基础上进行理性选择的结果。李厚廷（2009）通过对科斯"企业的性质"中企业和市场关系的重新认识和解读，认为企业是由企业家设计和指挥生产的，由企业所引申出来的制度也是可以人为设计的,通过制度设计来优化制度是可能的。[52]制度设计理论的代表性人物是韦默(D. Weimer),他的《制度设计》在制度设计过程中将制度的设计方、执行方对于制度的博弈以及外部的惯例、习惯和文化等一些因素考虑在内,思考如何进行制度改革设计。[53]

但是由于制度的复杂性,设计出的制度和制度改革在执行过程中不可避免地要受超出人理性范围之外因素的影响,这必然会影响其设计效果。对制度复杂性的综合探讨,需要从制度系统的角度来进行。李志强(2003)就认为,对于各种制度安排的研究必须将其置于制度系统中,分析它们之间的相互联系和影响,只有这样,才可能得出正确的结论。所以,他在论证制度是一个复杂系统之后提出应该构建制度系统论,[10]但只是提出了建议,并没有真正构建出。徐传谌、李松涛、闫敏(2003)运用耗散结构、自组织理论研究制度及制度变迁。[54]刘超(2011)认为,新制度经济学应该与系统科学进行融合,他概括了目前系统科学在制度领域的应用,但是他认为,这些融合并没有形成一个系统阐述。[55]张旭昆在制度系统方法的构建上进行了多项研究,对制度系统内部各种制度进行了分类,说明了制度系统内部结构,[56]将这些制度之间的关联关系分为三种:独立、耦合和互斥,[57]并对制度系统的演化进行了探讨。[58]这些研究展现了制度系统视角方法上所取得的进展。这种方法也得到了一些应用,蓝庆新、韩晶(2010)从制度系统分析视角分析了公司治理制度系统中各种制度安排的关联性,并进一步比较了各种治理模式的优劣,[59]但只是应用自稳定和自组织等几个系统观点进行了分析和解释,并没有将相关模型纳入实证分析中进行验证。曹芳东、吴江等(2010)提出应用分形理论构建旅游业制度系统,[60]但只是应用分形理论中的复杂性思想提出了建议,并未真正付诸实施。这些应用尽管能够验证这种方法的实践性,但是更加深入地构建制度系统方法来对城乡居民收入差距进行研究还未有尝试。

制度系统分析方法发展的不足使得我们在这一方法上有了研究空间。但这毕竟又是一个难题,它挑战着研究者的智慧和勇气。

第三章

制度系统及特征

制度是一套规则体系。我们平常所说的土地制度、户籍制度等制度实际上是具体的制度安排的总和，可以称之为制度集合，而所有的具体制度安排是制度集合中制度子集。制度集合中具体的规则并不是互不影响、独立发挥作用的，而是相互配合，共同实现着社会经济目标，因此相互交织在一起的具体规则形成一个制度系统，需要用系统科学的思想来对制度进行研究。

一 制度系统的内涵

传统经济学分析方法偏重于物理学方法，基于简单性原则将事物抽象化以了解其规律。尽管这种方法能认清很多经济规律，却忽视或否认了事物整体的复杂性。一个整体不是要素机械的相加，要素之间有着更为复杂的关联，会出现 1+1>2 的结果。系统论方法是认识事物整体性的一种方法。

贝塔朗菲（L. Bertalanffy）认为："系统是相互联系相互作用的诸元素的综合体。"苗东升（2006）将之概括为："两个或两个以上的组分相互作用而形成的统一整体就是系统。"[61]

制度是制度集合，是具体制度安排的总和，也是一个系统。诺斯（1990）认为："制度是一个社会的博弈规则，更规范地说，它们是决定人们的相互关系的系列约束。"[8] 即制度是一系列规则，这些规则就是具体的制度安排，制度安排的整体构成制度。具体的制度安排之间存在着复杂的联系，例如户籍制度。户籍制度只是对居民户口的一个界定，但是土地制度、教育制度、社会保障制度等很多的制度与户籍制度挂钩，户籍制度改革的羁绊不是户籍本身，而是与户籍联系的其他制度。

很多制度经济学家早已认识到制度的系统性，只是没有使用系统性表述而使用了整体性。凡勃伦（Thorstein B. Veblen）和康芒斯（Commons）采用了整体主义的方法论，将制度作为一个整体性概念进行研究。[62]缪尔达尔（G. Myradal）也认为，制度经济学必须考虑整个系统，考虑那些非经济因素，演进性和整体性促成了各因素间循环累积的因果关系。[63]卢现祥也对制度的整体性进行了分析。[64]这些观点认可"整体大于部分之和"，这是制度系统观的根本，本书也将沿袭这一观点作为本书的基本观点。

李志强（2003）赞成将各种制度安排的研究置于制度系统中，分析它们之间的相互影响，这样才可能得出正确的结论，并在论证制度是一个复杂系统之后提出构建制度系统论分析法。他用系统科学的思想来审视制度，认为制度是一个非常复杂的系统。在这个系统内部，包括许多个相互作用和相互联系的制度规则，它们以某种特有的结合方式或构成连接在一起，并为实现某种功能而相互协同，由此成为一个有机整体。并且给出定义："所谓的制度系统就是由若干相互联系和作用的具体制度安排连接而成的具有特定功能和效用的制度整体。"[10]张旭昆（2004）将制度系统定义为：一个社会往往同时存在各种各样的制度，从宪法到乡规，从正式规则到习俗惯例，它们共同组成了社会的制度系统。[58]因此，本书将制度系统定义为：复杂联系的具体制度安排组成的制度集合符合系统的定义及其特征，构成制度系统。

本书秉承制度系统思想，结合系统论的部分观点对制度系统进行分析，以探求制度规律。

二 制度研究中的系统思想

系统论方法广泛应用于自然科学与社会科学的许多领域，一些学者提出应该将系统论引入制度研究的范畴，刘超（2011）提出了新制度经济学与系统科学的融合，并设计了耗散结构论在制度研究中应用的领域。[55]李志强（2003）提出构建制度系统论，认为对各种制度安排的研究应该将其置于制度系统中，分析它们之间的相互联系和影响，只有这样才可能得出正确的结论。[10]张旭昆在制度系统方法的构建上进行了多项研究，对制度系统内部各种制度进行了分类，说明了制度系统的内部结构，[56]并对制度系统的演化进行了探讨。[58]但是，目前这些只是停留在构思阶段，系统论在制度研究领域仍然需要不断尝试着推进。

促使系统论在制度研究中的应用需要在原有制度研究的系统思想基础上进行，这样才能够实现二者更好地融合，而非勉为其难地嵌入。本书试图通过对部分文献的梳理探寻制度研究中的系统思想，从而证实系统论并未远离制度研究。并且通过对这些思想的梳理，探寻系统论在制度研究中的进一步应用。

（一）制度经济学中的系统观

制度经济学中对于制度的研究能够体现出系统观的主要是两个方面：整体主义方法论和演化主义。

1. 整体主义方法论

制度研究的方法论可以分为整体主义和个体主义。当然也有一些学者将制度学派的整体主义和马克思的唯物辩证法区别开来，就分成了三种方法论。但是，这种分类似乎是要更加突出唯物辩证法。而唯物辩证法是从整体上考察世界及其事物的世界观和方法论，[65]从根本上来说应该将其归结为整体主义。

持有个体主义的主要是以科斯为代表的新制度主义经济学派（the New Institutional School of Economics）。个体主义也是包括新古典学派等主流经济学派的主要方法论，将研究的重点放在个体之上，其"经济人"的假设正是为了研究个体的行为动机，认为个体才是具有选择和行动的单位，群体行为是个体行为的累加。新制度学派也是在经济人的假设基础上，认为制度是个人追求利益最大化的理性选择结果。并且正是由于其方法论基础与主流经济学派的一致，才被主流经济学认可，逐步确立制度研究在主流经济学中的地位。

而持有整体主义观点的是制度学派（the Institutional School of Economics）及其传承者的后制度学派（the Neo-Institutional School of Economics），[①] 其代表人物主要是凡勃伦、康芒斯、加尔布雷斯（Galbraith）、缪尔达尔等。他们对主流经济学派通过经济人的假设所演绎出来的完美市场秩序提出质疑，认为其并不符合现实，他们率先将矛头指向制度，通过制度分析来解释经济问题。

凡勃伦尽管没有一部系统的关于制度研究的著作，但是仍然依靠其1899年的成名作《有闲阶级论》（*The Theory of the Leisure Class*）被看作制度经济研究的开创者。[66]凡勃伦认为，制度实质上就是个人或社会对有关的某些关系或某些作用的一般思想习惯。[67]因而针对社会有闲阶级所进行的制度分析是以社会群体（有闲阶级）为研究起点和分析单位的，是整体主义方法。康芒斯继承了凡勃伦的思想和方法，将个人看作"制度化的头脑"，而制度是"集体行动控制个体行动"，[68]反映出当经济运转过程中集体主义与个体主义出现冲突时，集体主义需要控制个体主义，即制度约束着个人的选择。因而康芒斯认为，自己构建制度经济学的主要目的不是与其他经济学派脱离关系，而是"怎样肯定各种方式的集体行动在经济理论中应得的地位"，[68]将主流经济学中忽略的集体主义、整体主义予以重新认识。

加尔布雷斯和缪尔达尔是后制度学派的代表，同样赞成整体主义方法，反对以孤立的个人的经济行为来说明社会经济现象的抽象演绎

---

① 制度经济学派按照时间的演变和基本主张的不同又可以分为三个学派。这三个学派的划分没有什么争议（马尔科姆·卢瑟福划分为两个学派的主张也并不冲突，因为只是将其中两个划分在一个学派中），英文名称分别为：Institutional School of Economics, the Neo-Institutional School of Economics, the New Institutional School of Economics。但是与之相对应的中文名称却没有统一，Institutional School of Economics 被称作制度学派、老制度主义、旧制度主义或早期制度学派、旧制度学派等；the Neo-Institutional School of Economics 被称作新制度学派、现代制度主义、现代制度经济学、新制度经济学或后制度经济学派等；the New Institutional School of Economics 被称作新制度经济学、新制度主义经济学派或新古典制度经济学派等。这些名称很容易混淆，因此为了避免混淆，本书将这三个学派分别称为制度学派、后制度学派和新制度学派。其主要观点和历史渊源在此不再赘述。

法。加尔布雷斯（Galbraith，2006）说："把现代经济生活当作一个整体加以观察时，才能更加清楚地了解它。"[69]并且，其代表作《经济学和公共目标》将美国的经济制度概括为"二元体系"，依赖于"二元体系"美国社会中的社会经济发展的不平衡和收入差距现象进行了分析和解释，并提出了改革主张。"二元体系"分析方法事实上就是整体主义方法论下对制度整体的结构分析。缪尔达尔循环累积因果关系理论同样是从整体角度的分析，认为社会不平等现象是具有积累效果运动的结果。阿兰·格鲁奇（A. G. Gruchy，1985）对制度的定义同样能够体现出他的整体主义方法，他认为："在最一般的意义上，制度是构成统一整体的各个项目相互依存或相互影响的综合体或图式。"[70]后制度学派认为，经济学所讲的整体是由相辅相成或相互抵触的部分组成的，整体要大于部分之和。[71]

对这些学者在各自的制度分析中所采用的整体主义方法论，卢瑟福（Rutherford）进行了归纳，认为可以分为三个特征：（1）社会整体大于其部分之和。（2）社会整体显著地影响和制约其部分的行为和功能。（3）个人的行为应该从自成一体并适用于作为整体的社会系统的宏观或社会的法律、目的或力量演绎而来，从个人在整体当中的地位（或作用）演绎而来。[72]可以看出，整体主义方法论将人类社会看作一个有机整体，因而对社会以及制度的认识必须用整体思维来把握。将个人看成是社会化的人，这就抛弃了个体主义的狭隘，从各种制度所构成的宏观整体对个体行为的制约来分析个体经济利益关系。这种整体观所揭示出来的规律并非像个体主义抽象出来的经济理论那样清晰简洁，但却符合事实。

诺斯被归进新制度经济学派中，遵循新古典分析精神以及以交易费用为核心的产权经济分析的理论成果，但已经通过制度的非最优等现象意识到不能囿于严格的个人理性分析，提到了心智模型、学习过程、认知心理等新的理解方向。[8]他所研究的制度变迁理论尽管通过对一些特定的制度变迁事件中的相对具体的制度进行分析和验证，但理论关注点却是制度的宏观整体角度，其所得到的结论"制度变迁构成了一种经济长期增长的源泉"就是对包括社会意识形态在内的宏观制度整体的综合考量。正如黄少安（2008）对诺斯的一些代表性著作的评价，从中"可以发现他们对个人功利主义、对单一'经纪人'人格假设的批评"[71]，表明了诺斯已经存在有别于新制度经济学派的整体主义的倾向。宏观制度的变迁应该是系统论在制度研究中应用的重要途径。

整体主义方法论将人类社会看作一个有机整体的观点与系统论不谋而合。系统思想的突出特点是强调整体性。贝塔朗菲说，系统论是关于整体的一般科学，[73]认为系统是相互联系、相互作用的诸元素的综合体，这就是说，系统是一个有机整体，这个整体不是要素机械的相加。所以要素之间有着更为复杂的关联，会出现 1 + 1 > 2 的结果。正如苗东升（2006）对系统的定义："两个或两个以上的组分相互作用而形成的统一整体就是系统。"[61]从这些学者给出的系统的定义中可以看出，系统论的核心思想就是系统整体观。这就可以断定制度研究中的整体主义体现出系统思想。

这样，我们就有理由相信，整体主义观点下的制度是一个系统，因而我们也就可以采用系统论的相关观点来研究制度系统，探寻制度规律。

2. 演化主义

不管是制度学派还是新制度学派中的很多学者，在制度研究中的一个重要的共同特征就是坚持了演化主义思想。

凡勃伦、康芒斯等都认为，制度的变迁及制度的演进决定着社会的发展，主张采用演进的概念代替传统经济学中的均衡概念。

凡勃伦在其经典名著《有闲阶级论》中写道：

> 今天的形势是要构成明天的制度的，方式是通过一个淘汰的、强制的过程，对人们对事物的习惯观念发挥作用，从而改变或加强他们对过去遗留下来的事物的观点或精神态度。人们是生活在制度——也就是说，思想习惯——的指导下的，而这些制度是早期遗留下来的；起源的时期或者比较远些，或者比较近些，但不管怎样，它们总是从过去逐渐改进、逐渐遗留下来的。制度

> 是已往过程的产物……
>
> ……社会的演进，实质上是个人在环境压迫下的精神适应过程；变化了的环境，同适应另一套环境的思想习惯已经不能相容，这就要求在思想习惯上有所改变。至于这一适应过程是一个持久存在的各种型之间的淘汰与生存过程，还是一个个人对已有特性的继承与适应过程。①

他特别强调制度是以往过程的产物，这能够清楚地表明凡勃伦对于制度的演化主义观点。

缪尔达尔的循环累积因果关系理论就认为，不平等是演化的结果。众多因素都会对社会进程产生影响，因此不仅经济因素，而且"所有'非经济因素'——政治的、社会的以及经济的结构、制度和态度，确实的，即所有的人与人的关系——必须包括在分析中"[74]，某一因素的变化会影响另一因素的变化，后者反过来又会加强第一个因素的变化，强化了社会经济向最初变化的方向发展。各因素之间是具有积累效果的循环运动，是循环累积因果关系。这种理论是对社会经济动态发展的原因和动力进行的解释，采纳的正是演化的观点。

诺斯的制度变迁理论属于新制度经济学派中的新经济史学派，采用新制度经济学的理论方法将经济史研究有机地结合到一起的新的经济史理论。诺斯（1991）明确说："历史是重要的。现在和未来的选择是由过去所形塑的，并且只有在制度演化的历史话语中，才能理解过去。"[8]可以说，制度是由历史因素所塑造的。这就是说，制度的变迁是历史制度下许多因素长期累积的结果，并且制度变迁一旦走上了某一条路径，它的既定方向会在以后的发展中得到自我强化，从而形成对制度变迁轨迹的路径依赖。[75]诺斯的这些观点处处展示出制度研究的历史观，而这些与系统论中的历史观异曲同工。

哈耶克（Hayek）是持有制度自发演化观点的另一个代表人物，他的思想浓缩在"自发扩展秩序"概念中。他认为，社会制度是在

---

① 引自凡勃伦《有闲阶级论》，蔡受百译，商务印书馆1964年版，第139—140页。

人们相互交往的过程中,通过诸多未明确意识到其行为结果的人的行动,经由"试错过程"和"适者生存"的选择机制而逐渐生成并演化扩展的。这种思想借鉴了达尔文的进化论,认为作为自发秩序的制度是无意识地自发演化的产物,社会制度也存在人为秩序,而人为秩序是理性设计的产物,由于人的理性是有限的,以人类有限的理性试图创造复杂的秩序,只是不可企及的愿望,这也就是哈耶克所谓的"致命的自负"。哈耶克的"自发扩展秩序"能够显示出制度研究的演化观点,正如他在《致命的自负》中所说:"进化论在本书中起着至关重要的作用。"[9]尽管这个观点是将制度看作无意识演化的产物,但是仍然能够验证制度研究的历史观。

系统是演化的,而制度同样是演化的,因此可以用系统论的相关方法对制度演化的过程进行研究,更好地发现制度规律。历史观也能够反映出系统观,系统论本身就体现着演化思想,贝塔朗菲(L. Bertalanffy)曾说,广义的"一般系统论"与"进化论"类似。[73]系统是演化的,任何系统都依赖于之前的路径。动态系统的数学模型就是演化方程,著名的逻辑斯蒂方程(Logistic Equation)就表示 $n+1$ 时刻的状态量对 n 时刻的状态量的依存关系。[61]

经过分析可以看出,整体主义方法和演化主义的思想与系统论的特征基本相符,也可以说,整体主义方法论和演化主义方法就是系统哲学在制度经济学中的应用。因此,推进系统论在制度研究中的应用就可以从这两个角度进行。

(二)整体主义和演化主义的优势

1. 整体主义的优势

整体主义方法与个体主义方法相比较其优势就体现出来了。个体主义将研究的重心放在微观个体——个人和企业上,并把其假设为理性的和无差异的,把个人从特定的社会经济关系中抽象出来,并以对个人经济行为的分析作为说明社会经济关系的关键,尽管能够抽象出一些经济理论,但是并不符合社会现实。

(1)社会不是个体单纯的算数总和,社会经济也不是个体经济单纯的机械的综合。个体之间存在着复杂的相互影响和联系，个体主义就是将个人从复杂关系中割裂开来，所反映出来的社会就是由一个一个独立的个体简单相加而来的。整体主义认可个体之间存在相互影响和复杂关系，其所说——整体要大于个体之和，能够符合现实。

（2）个体在能力等要素禀赋上存在差异，个体做出的选择必然不尽相同，因此将个人看作无差异，用个人的选择以偏概全地想当然地认为社会全体都会做出同样的选择必然是错误的。

（3）个人非理性。个体主义方法的制度研究中仍然遵循传统经济学一贯的"经济人"假设，也就是认为人是理性的，但是事实上市场行动的个人受到复杂环境的约束和个人认知的限制，不可能做到完全理性，即使将之修改为有限理性也是难以实现的。因此，将个人理性选择作为制度调整的原因就变得有些勉强。而整体主义坚持"集体行动控制个体行动"，社会整体显著地制约着个体行为，能够克服个人高于制度这一自大说法。当然，整体主义又走向了另一个极端，忽视了人的行为对于社会发展以及制度的变革所带来的重大影响。

2. 演化主义的优势

演化主义将社会发展看作动态的演变过程，而与之相对的是传统经济学所采用的静止的和机械的均衡分析方法。这种方法主要采纳的是古典力学的观点，追求在某一时点上受力的均衡，这种均衡分析就只能看出某一时点上的横截面所出现的静止状况，而忽略不同时点上因素的变迁以及自身的影响。而演化主义则涵盖了历史因素的影响，正如诺斯所说："现在和未来的选择是由过去所形塑的，并且只有在制度演化的历史话语中，才能理解过去。"[8]演化主义成为更加现实的追求。当然，传统经济学也进行着改变，动态经济学是一种转变，同样在新制度主义经济学派中也出现了这种趋势，诺斯通过对共享心智模型等方向的研究，逐步向制度演化的阵营靠拢，寻求制度演化分析的发展方向。

（三）系统论在制度研究中的应用展望

所有的制度构成了制度系统，因而可以将系统论引入制度研究中，这能够更好地传承整体主义和演化主义的传统，更好地探寻制度规律。

1. 对整体主义方法论的继承和推进

系统论与整体主义方法论都将研究对象看作一个有机整体，整体主义方法论只是停留在抽象的观念上，并没有予以更加适当的升级应用。而系统论中的耗散结构论、协同学、突变论等一些理论方法是整体主义方法论所不具备的。例如，耗散结构论是反映远离平衡态的系统如何自组织地达到持久稳定的平衡态的过程。刘超（2011）认为，对于制度的研究可以融合耗散结构论的方法，为了保证制度持续有效，就必须实现耗散结构，为制度提供足够的物质、能量、信息。[55] 可以看出，采用系统论可以完善整体主义方法论，弥补原有的整体主义方法论所不具备的，从而推进整体主义方法论的升级。

并且，采用系统论则可以在一定程度上弥补个体主义和整体主义方法论各自的局限。系统论同时展现出对于系统中复杂关系和复杂影响的概括，必然会将人与人之间的关系、人与制度之间的关系包括进去，可以从复杂的整体中考虑包括人在内的多方面因素共同影响下的制度演化，从而更好地研究制度变迁，这也就避免了整体主义方法论中人对制度反作用的忽略，也能够改善个体主义对人的理性和创造的片面夸大。

2. 从系统的角度研究制度的动态演化

制度的演化变迁能够解释一些社会问题，因此制度变迁是新老制度学派重要的制度研究领域。而老制度学派和新制度学派对制度变迁却有着截然相反的观点。新制度经济学派将制度变迁归结为个人选择的结果，例如诺斯就认为，在追求利益最大化动机下的个人理性选择推动了制度的边际调整，从这种观点出发可以推断制度都应该是最优的。而事实上，制度并不总是最优的。老制度学派则认为，制度约束着个人的选择，制度变迁是超个人意志选择的结果。

系统本身就是演化的，贝塔朗菲曾说，广义的"一般系统论"与"进化论"类似，而这种认识方法是与物理主义完全不同的，能够体现出组织整体的相互作用、交感作用、组织等问题。耗散结构论、协同学、混沌学等系统论能够将制度系统的特征描述得更加清楚，从而对制度系统的演化路径以及演化过程中的复杂影响进行进一步分析，应用突变论、耗散结构论等理论研究改革对制度系统的影响，分析制度系统从无序到有序再到无序的变化过程，从而以新的思路和方式解释和研究制度变迁。采用这些理论方法的应用能够在制度分析中否认理性个人和最优选择，避免个体主义方法论中制度最优的非现实，推进制度研究的升级。

三 制度系统特征[①]

改革需要认清制度规律，不是否定之前的制度，正如习近平在2013年1月的一次会议上所说："不能用改革开放后的历史时期否定改革开放前的历史时期，也不能用改革开放前的历史时期否定改革开放后的历史时期。"[76]认识制度规律不能忽略整体性，而是需要从系统的角度来认识。

（一）制度系统的两个特征

1. 有序性

系统表现出一定的秩序。沈小峰等（1987）对系统有序性的界定引入了对称性破缺这一概念，有序性意味着系统出现了对称性破缺，系统的对称性越高，有序性程度就越低。[77]这个界定较抽象，苗东升（2006）将其通俗化，认为有序是事物之间规则的相互联系，无序是事物之间不规则的相互联系，而没有相互联系的事物群体则不是系统。[61]

系统的有序性在功能上表现为系统的目标，正是目标的存在，才能从杂乱无章的运动中发现秩序，各个组成部分为实现系统目标进行着有序运动。封闭系统内会呈现出向平衡态方向运动的性质，系统表

---

① 本部分已经以"制度系统特征及中国改革的制度系统分析"为题发表在《系统科学学报》2014年第4期（季刊）。

现为有序性。而到达平衡态之后,系统内的运动杂乱无章,任何一个方向都没有区别于其他方向的特殊性质,系统只表现为无序性。越接近平衡态,有序性越小,无序性就越大。

开放系统的演化运动强烈依赖于系统的外部条件,在外部条件不变的情况下,存在一个定态,这个定态不一定是孤立系统的平衡态,但却是开放系统的目标,开放系统的有序性表现为向此定态的运动。距离定态越近,有序性越小,无序性就越增加。

制度作为系统具有有序性,且与制度目标相关。制度目标是制度系统的定态,离目标越远,趋向目标的趋势越明显,制度系统就越有序;离目标越近,趋向目标的趋势越不明显,制度系统就越无序。制度系统的目标概括分为效率和公平,这二者存在竞争性,无法同时实现,即如果提高效率,则无法保证公平,恰好反映出制度系统有序性和无序性的对立。因为无论效率还是公平,都会受到一些限制,会有一个极限,不会无限提高;随着极限的趋近,有序性会减少,无序性则会增加。

表 3-1　　　　　　　　改革开放后的公平与效率

年份	1978	1991	2000	2010
基尼系数	0.317	0.32	0.401	0.535
城乡居民收入比	2.57	2.20	2.79	3.23
人均GDP（元）	381	1893	7858	30015

中国的改革开放是一次典型的制度系统改革,制度系统的目标由公平变革为追求效率。改革前由于追求公平分配,1978年的人均GDP只有381元,效率很低,制度远离定态,因而改革后趋向新目标非常明显,制度系统的有序性极高。随着时间的推移,制度系统越来越趋近于目标,制度的有序性下降,而无序性增加。如表3-1所示,反映效率的人均GDP大幅提高,1978—1991年间增长了4.97倍,但之后的增长速度却在下降,从1991—2000年的4.15倍到2001—2010年的3.82倍。这反映了随人均GDP的不断提高,制度系

统越来越趋近目标，但有序性不断下降，且无序性增加，即公平程度不断下降，基尼系数在三段时间的涨幅分别为 0.003、0.081、0.134。显然，涨幅逐步扩大，公平问题愈加严重，2010 年基尼系数为 0.535，远远超出 0.4 的国际警戒线，城乡居民收入比超过 3 倍。

这种公平和效率的变动实践证明了制度系统的有序性特征：制度系统越趋近其目标，越趋于定态，制度系统的有序性会逐步减少，直至为零，无序性增加。

2. 非可逆性

非可逆性既可以是时间的不可逆，也可以是过程的不可逆。最初的研究都将时间看做是可逆的，① 但后来逐步发现，"真实过程是不可逆的耗散过程"，"可逆过程是一种理想状况"[77]。克劳修斯（R. Clausius）提出的熵增加原理能够说明系统运动过程是不可逆的。封闭系统的状态函数熵随时间的推移而单调地增加，直到达到平衡态时趋于极大。开放系统的熵分为两部分，其中系统内熵随时间的推移，也只能单调增加，而不可能减少。因此系统运动过程是不可逆的，时间也是不可逆的。

非可逆性存在的原因在于系统运动过程需要消耗能量。随着能量消耗所达到的平衡态的过程如果可逆，则逆向的过程必然会释放能量，这却是不可能的。热力学中的一个验证就是热的传导只能从高温热源向着低温热源，从来不可能从低温热源向着高温热源。

在开放系统中，非定态向定态运动的过程是不可逆的，但是开放系统的定态可以不是平衡态，通过借助于外界环境的变化，使得定态从一个非平衡态转变成为另一个非平衡态。尽管后一个非平衡态可能就是原来的状态，但这并不代表过程是可逆的，这种回归依赖于环境的变化。

制度系统向目标有序运动同样具有非可逆性特点。这可以从两个方面理解：一是制度系统内部熵随时间推移而单调增加。制度系

---

① 在早期研究的物理基本定律包括牛顿运动方程和薛定谔方程中，时间都是对称的，将时间 t 换为 −t 代入，结果不变，也就是在这些方程中，时间是可逆的。爱因斯坦的相对论也有类似的特点。

统的有序性会一直下降直至为零，这个过程是不可逆的。能使制度系统有序性增加的唯一途径就是改变制度目标，这样才会使制度系统重新远离定态，有序性重新出现后进入新一轮的下降过程。二是制度系统演化过程依赖于一系列历史背景和制度的激励与约束，历史背景是不会逆转的，所有的一切不会再同时出现。热力学系统的运动需要消耗能量，因而不能逆转，制度系统下的制度激励与约束、历史背景等也相当于为制度系统的运动提供能量，所以也是不能逆转的。假设制度系统目标为效率，尽管无法确切地描述其定态究竟是什么，但能够确定的是越接近定态，无序性越大，公平问题也就越严重。制度系统下只能是制度所导致的公平问题，而公平问题不会自发地导致制度发生改变。

公平问题不能在原效率目标下解决，不可逆过程决定了公平问题越来越严重，制度不可能自动地"回"到原来状态，不可能从"高效率低公平"回到"低效率高公平"的状态，只有通过外界的作用改变制度目标，才会改变无序性越来越大的不可逆过程。

（二）中国改革开放的制度系统特征分析

中国的开放是一次重要的改革，其制度目标从原来追求公平的"平均主义"改变成了追求效率的"允许先富"，这样的目标改变使得有序性的秩序方向发生了根本性改变。从表3-2中能够看出，改革开放之前近十年时间是"高公平低效率"。在追求平均主义的制度目标下，基尼系数几乎维持在0.2左右这一比较公平的水平上，几乎达到了定态，有序性已经不明显，但是与此相伴随的却是公平目标下的低效率，无序性明显，人均GDP在1979年以前不足400元，近十年里，人均GDP增长率移动平均较低，且波动性大。而人均GDP增长率移动平均这一指标是近十年的移动平均，虽已消除一部分波动，但是波动幅度仍然很大，说明系统的无序性极其明显。

表 3-2　　　　　　改革开放前人均 GDP 和基尼系数

年份	1970	1972	1974	1976	1978
人均 GDP	275	292	310	316	379
基尼系数	0.201	0.189	0.221	0.234	0.201
人均 GDP 增长率 10 年移动平均	2.35	5.37	4.07	2.21	5.49

资料来源：Zongyi Zhang[78]等及作者的计算。

改革开放之后是"高效率低公平"。由于目标发生改变，制度系统的定态和有序性方向发生了改变，从表 3-3 中可以看出，效率在 1980 年之后急剧上升，有序性表现为效率的提高；基尼系数高于 1980 年之前，公平程度下降且逐渐严重，无序性逐步增加。随着时间的推进，效率的增速出现下降趋势，2000 年之后 10 年的 GDP 年均增长率和人均 GDP 年均增长率相比于之前 10 年都呈现出下降趋势，反映改革开放所确立的制度系统的有序性下降，并且基尼系数的增幅在 2000 年之后比 2000 年之前明显加大，反映出公平程度明显降低，无序性加大。

表 3-3　　　　　　改革开放前后的效率与公平

效率			公平		
时间	GDP 年均增长率	人均 GDP 年均增长率	时间	基尼系数 1	基尼系数 2
1960—1970	4.45	2.35	1970	0.201	—
1970—1980	7.27	5.28	1980	0.198	0.289
1980—1990	15.17	13.51	1990	0.209	0.329
1990—2000	18.18	15.8	2000	—	0.401
2000—2010	14.99	15.53	2010	—	0.535

资料来源：基尼系数 1 来自 Zongyi Zhang[78]等，基尼系数 2 来自李绍东[79]。

依据对改革开放前后制度系统的分析，结合制度系统有序性和非可逆性特征，概括出制度系统随公平与效率变化的演化路径为图 3-1 所示。改革前是路径 AB，从 A 向 B 的演化过程中效率下降，公平上升；B 为制度改革时刻，制度目标发生变革。之后的制度路径为 BC，公平下降，效率上升。对这个过程加以细分可以发现：改革初期，公平程度下降缓慢，效率上升迅速；改革后期公平程度下降迅速，效率增长缓慢。因此 BC 为向下弯曲的曲线，斜率由小变大。需要注意，如果相关制度改革不成功，可能会出现图 3-1 中 BE 的路径，效率没有有效提高，公平程度反而迅速下降。

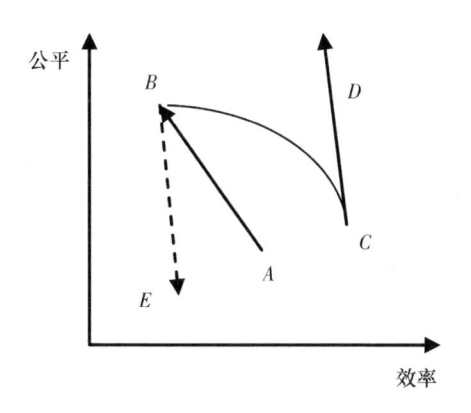

图 3-1 制度系统演化路径

对改革开放后三个时间段的公平与效率的变化趋势做出分析可以发现，目前的制度系统呈现出有序性下降，无序性增加，即效率增长率下降，而公平程度下降迅速，能够看出已经趋近于 C 点，效率增长面临着能量耗尽的可能性，但是社会公平问题却日益严重，很可能会影响社会稳定，加剧效率下降的态势，因而改革的必要性增加。

第四章

制度系统分析方法

一 制度系统演化模型[①]

(一) Logistics 模型

对于制度系统的研究,可以从制度系统的目标入手进行。设 X 为制度系统的目标指标,假设 X 的变化受到两个方面的影响:

(1) 制度系统指标的增长。

(2) 由于资源条件的限制,指标不会无限地增长,当 X 达到某一确定的受资源容许的最大值时,则不再增长。

为此,可以采用最高项为 2 次项的一阶微分方程来进行描述:

$$\frac{dX}{dt} = AX + BX^2$$

其中 B 为负数时,能够满足上述第二个条件,表明受资源条件限制,存在最大值。

可以转化为:

$$\frac{dX}{dt} = \alpha X \left(1 - \frac{X}{N}\right) \tag{4-1}$$

这个方程就是被广泛应用于化学、生物、医学以及社会科学等领域的 Logistics 模型。Logistics 模型是二次非线性微分方程,包含着正、负反馈项,能够反映出制度系统存在促使指标不断增长的因素,

---

[①] 本部分与第七章第一部分整合后发表于《统计与信息论坛》2014 年第 6 期上,题目为"影响中国城乡收入差距的制度系统分析"。

也能够反映出制度系统存在资源限制而使指标下降的因素。制度系统的演化正是在一些正、负反馈因素共同作用下进行的，可以选择 Logistics 模型描述制度系统演化运动过程，其中 α 表示系统指标成长速度，N 表示资源条件限制下指标的最大值。

令方程式（4-1）等于 0，即

$$\frac{dX}{dt} = \alpha X \left(1 - \frac{X}{N}\right) = 0$$

可以得到两个解：$X=0$ 或 $X=N$，这两个解是制度系统指标 X 演化运动的均衡值。当达到这个稳定的均衡值之后，指标便不再发生变动，制度系统进入一个定态，此时有序性为 0，无序性最大。因此应用这个方法可以确定均衡值，并可以利用相关参数进行稳定性分析。

这两个解究竟哪一个是制度系统的稳定值，需要进一步讨论。当系统指标增长的速率 $\alpha > 0$ 时，由于 $X < N$，系统指标 X 低于最大值，方程（4-1）的通解为：

$$X(t) = \frac{Nce^{\alpha t}}{ce^{\alpha t} - 1} \tag{4-2}$$

其中 c 为积分常数。

由于方程（4-1）式右端大于 0，方程（4-2）为增函数，因此 X 增长。并且，当系统指标远离定态，即 X 远小于 N 时，$\left(1 - \frac{X}{N}\right)$ 越接近

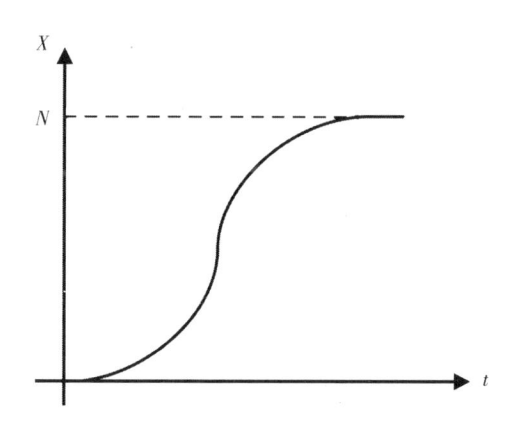

图 4-1 制度系统演化模型示意图

于 1，$\frac{dX}{dt} \approx \alpha X$，越接近最大值，增长速度越快；当系统指标逐步增大，$\frac{dX}{dt}$ 逐步减小直至为 0 时，增长速度越来越慢，正如图 4-1 所示。

（二）公平与效率目标下制度系统模型构建

制度系统的目标可以分成公平和效率，而公平和效率是竞争性的。制度系统如果以效率为目标，则有序性为效率增加，无序性为公平下降，相反，如果以公平为目标，则有序性为公平提高，无序性为效率下降。

假设制度系统的目标是在公平和效率之间的协调，设公平为 X，效率为 Y，公平和效率不可能只重视一个而完全忽视另一个，原因在于这二者之间存在明显的相互作用。追求效率的代价是收入和财富的不平等，以及由此决定的社会地位和权利的不平等。[80]公平缺失会导致收入差距不断拉大，足够努力却没有与之相匹配的回报会减少对人们的激励，从而降低效率，甚至可能会出现社会矛盾和社会混乱，使效率完全丧失。同样，重视公平而忽视效率会导致缺失，正如中国改革开放之前的"大锅饭""干和不干一样，干多和干少一样"，打击了劳动者的劳动积极性，社会效率极低，生活水平极差。正如阿瑟·奥肯所说："任何坚持把馅饼等分成小块的主张，都会导致整个馅饼的缩小。"[80]所以，同时兼顾二者之间的交叉影响，无论公平还是效率所受到的影响都要包括两部分：一是资源的限制；二是另一个目标的影响。因此在方程（4-1）的基础上加入两个目标之间的交叉影响，构建 Logistics 演化方程组：

$$\begin{cases} \dfrac{dX}{dt} = \alpha_1 X \left(1 - \dfrac{X}{N_1} - \beta_1 \dfrac{Y}{N_2}\right) = f_1(X, Y) \\ \dfrac{dY}{dt} = \alpha_2 Y \left(1 - \dfrac{Y}{N_2} - \beta_2 \dfrac{X}{N_1}\right) = f_2(X, Y) \end{cases} \quad (4-3)$$

其中 β_1 是效率 Y 对公平 X 的影响，β_2 是公平 X 对效率 Y 的影响。

第四章 制度系统分析方法

（三）稳定性分析

首先求出方程组的定态解。

令：

$$\begin{cases} \dfrac{dX}{dt} = \alpha_1 X \left(1 - \dfrac{X}{N_1} - \beta_1 \dfrac{Y}{N_2}\right) = 0 \\ \dfrac{dY}{dt} = \alpha_2 Y \left(1 - \dfrac{Y}{N_2} - \beta_2 \dfrac{X}{N_1}\right) = 0 \end{cases}$$

可以得到四组解：

$$\begin{cases} X = 0 \\ Y = 0 \end{cases}, \begin{cases} X = N_1 \\ Y = 0 \end{cases}, \begin{cases} X = 0 \\ Y = N_2 \end{cases}, \begin{cases} X = x^* \\ Y = y^* \end{cases}$$

其中 $x^* = \dfrac{N_1(1-\beta_1)}{1-\beta_1\beta_2}$，$y^* = \dfrac{N_2(1-\beta_2)}{1-\beta_1\beta_2}$。

这四组解可以在坐标图中被描述为图4-2平衡点位置上的四个点 $O(0,0)$，$P_1(N_1,0)$，$P_2(0,N_2)$ 以及 $P_3(x^*,y^*)$。

其中，点 $P_3(\dfrac{N_1(1-\beta_1)}{1-\beta_1\beta_2}, \dfrac{N_2(1-\beta_2)}{1-\beta_1\beta_2})$ 的位置依赖于影响系数 β_1 和 β_2 的大小。

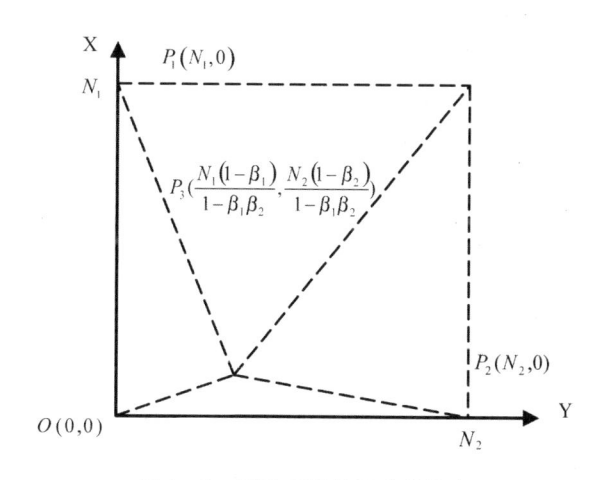

图4-2 制度系统的四个均衡点

设 $\begin{cases} x^* = \dfrac{N_1(1-\beta_1)}{1-\beta_1\beta_2} = f_1(\beta_1,\beta_2) \\ y^* = \dfrac{N_2(1-\beta_2)}{1-\beta_1\beta_2} = f_2(\beta_1,\beta_2) \end{cases}$

当 $\beta_1 = \beta_2 = 0$ 时,

$$\begin{cases} \dfrac{N_1(1-\beta_1)}{1-\beta_1\beta_2} = N_1 \\ \dfrac{N_2(1-\beta_2)}{1-\beta_1\beta_2} = N_2 \end{cases}$$

此时，点 P_3 位于点 P_4 上。

当 $\beta_1 = \beta_2 = 1$ 时,

$$\begin{cases} \dfrac{N_1(1-\beta_1)}{1-\beta_1\beta_2} = 0 \\ \dfrac{N_2(1-\beta_2)}{1-\beta_1\beta_2} = 0 \end{cases}$$

此时，点 P_3 位于点 O 上。

当 $\beta_1 = 0$，$\beta_2 = 1$ 时，由于

$$\begin{cases} \dfrac{N_1(1-\beta_1)}{1-\beta_1\beta_2} = 0 \\ \dfrac{N_2(1-\beta_2)}{1-\beta_1\beta_2} = N_2 \end{cases}$$

此时，点 P_3 位于点 P_2 上。

当 $\beta_1 = 1$，$\beta_2 = 0$ 时，由于

$$\begin{cases} \dfrac{N_1(1-\beta_1)}{1-\beta_1\beta_2} = N_1 \\ \dfrac{N_2(1-\beta_2)}{1-\beta_1\beta_2} = 0 \end{cases}$$

此时，点 P_3 位于点 P_1 上。

然后，需要对这四个平衡点进行稳定性分析。对于非线性方程平衡点的稳定性分析，通常采用的方法是将非线性方程转化为近似的线性方程，继而采用线性稳定性分析方法。

第四章 制度系统分析方法

假设平衡点为$P(X_0,Y_0)$，在平衡点加上一个微小的扰动$\Delta X,\Delta Y$，即使得：

$$\begin{cases} X = X_0 + \Delta X \\ Y = Y_0 + \Delta Y \end{cases}$$

通过判断$t>0$后，以ΔX和ΔY是趋于0还是趋于无穷大来确定平衡点$P(X_0,Y_0)$是否稳定。如果ΔX和ΔY趋于0，那么可以判断出X趋于X_0，Y趋于Y_0，也就可以确定平衡点为$P(X_0,Y_0)$是稳定的，否则说明平衡点为$P(X_0,Y_0)$是不稳定的。

将$\begin{cases} X = X_0 + \Delta X \\ Y = Y_0 + \Delta Y \end{cases}$代入方程（4-3）中，并且由于$\Delta X$和$\Delta Y$是微小的扰动，因此可以近似地作为线性，得到：

$$\begin{cases} \dfrac{dX}{dt} = \dfrac{d(X_0+\Delta X)}{dt} = \dfrac{d(\Delta X)}{dt} = f_1(X_0,Y_0) + f_{1X}(X_0,Y_0)\Delta X + f_{1Y}(X_0,Y_0)\Delta Y \\ \qquad = f_{1X}(X_0,Y_0)\Delta X + f_{1Y}(X_0,Y_0)\Delta Y \\ \dfrac{dY}{dt} = \dfrac{d(Y_0+\Delta Y)}{dt} = \dfrac{d(\Delta Y)}{dt} = f_{2X}(X_0,Y_0)\Delta X + f_{2Y}(X_0,Y_0)\Delta Y \end{cases}$$

$$(4-4)$$

其中

$$\begin{cases} f_{iX}(X_0,Y_0) = \dfrac{\partial f_i(X,Y)}{\partial X}\bigg|X=X_0, Y=Y_0 \\ f_{iY}(X_0,Y_0) = \dfrac{\partial f_i(X,Y)}{\partial Y}\bigg|X=X_0, Y=Y_0, \text{其中}i=1,2 \end{cases}$$

方程（4-4）的雅克比矩阵为：

$$J = \begin{bmatrix} f_{1X} & f_{1Y} \\ f_{2X} & f_{2Y} \end{bmatrix} = \begin{bmatrix} \dfrac{\partial f_1(X,Y)}{\partial X} & \dfrac{\partial f_1(X,Y)}{\partial Y} \\ \dfrac{\partial f_2(X,Y)}{\partial X} & \dfrac{\partial f_2(X,Y)}{\partial Y} \end{bmatrix} = \begin{bmatrix} \alpha_1\left(1-\dfrac{2X}{N_1}-\dfrac{\beta_1 Y}{N_2}\right) & -\dfrac{\alpha_1\beta_1 X}{N_2} \\ -\dfrac{\alpha_2\beta_2 Y}{N_1} & \alpha_2\left(1-\dfrac{2Y}{N_2}-\dfrac{\beta_2 X}{N_1}\right) \end{bmatrix}$$

方程（4-4）的解可以写为：

$$\begin{cases} \Delta X = c_1 e^{\lambda_1 t} + c_2 e^{\lambda_2 t} \\ \Delta Y = c_3 e^{\lambda_1 t} + c_4 e^{\lambda_2 t} \end{cases}$$

其中c_1、c_2、c_3和c_4依据方程条件得出常数的简略替代,详细形式此处省略;λ_1和λ_2是特征方程:$\lambda^2 - \omega\lambda + T = 0$的两个根,即$\lambda = \dfrac{\omega \pm \sqrt{\omega^2 - 4T}}{2}$

其中ω和T为特征方程系数:

$$\begin{cases} \omega = f_{1X} + f_{2Y} \\ T = |J| = f_{1X} \cdot f_{2Y} - f_{2X} \cdot f_{1Y} \end{cases}$$

可以看出,ΔX和ΔY是否趋近于0取决于λ_1和λ_2。这存在三种情形:

(1)λ_1和λ_2的实部都为负数,ΔX和ΔY都趋近于0,平衡点稳定。

(2)λ_1和λ_2的实部不都为负数,ΔX和ΔY不都趋近于0,平衡点不稳定。

(3)λ_1和λ_2为实数并且一正一负,则平衡点为鞍点,而鞍点也是不稳定的。

下面就此方法对四个平衡点进行稳定性分析。

1. 对点$O(0,0)$的稳定性分析

平衡点为$O(0,0)$的雅克比矩阵为:

$$J = \begin{bmatrix} \alpha_1 & 0 \\ 0 & \alpha_2 \end{bmatrix}$$

特征方程系数为:

$$\begin{cases} \omega = f_{1X} + f_{2Y} = \alpha_1 + \alpha_2 \\ T = |J| = \alpha_1\alpha_2 \end{cases}$$

可以计算得出:

$$\omega^2 - 4T = (\alpha_1 + \alpha_2)^2 - 4\alpha_1\alpha_2 = (\alpha_1 - \alpha_2)^2 \geq 0$$

因此两个特征根为:

$$\begin{cases} \lambda_1 = \alpha_1 \\ \lambda_2 = \alpha_2 \end{cases}$$

当$\alpha_1, \alpha_2 > 0$,可以判断出特征方程的两个根为正,ΔX和ΔY不都趋近于0,平衡点$O(0,0)$是不稳定的。

2. 对点$P_1(N_1, 0)$的稳定性分析

平衡点为$P_1(N_1, 0)$的雅克比矩阵为:

$$J = \begin{bmatrix} -\alpha_1 & -\dfrac{\alpha_1 \beta_1 N_1}{N_2} \\ 0 & \alpha_2(1-\beta_2) \end{bmatrix}$$

特征方程系数为：

$$\begin{cases} \omega = -\alpha_1 + \alpha_2(1-\beta_2) \\ T = |J| = -\alpha_1 \alpha_2 (1-\beta_2) \end{cases}$$

可以计算得出：

$$\omega^2 - 4T = (\alpha_1 + \alpha_2 - \alpha_2 \beta_2)^2 \geq 0$$

因此两个特征根为：

$$\begin{cases} \lambda_1 = -\alpha_1 \\ \lambda_2 = \alpha_2(1-\beta_2) \end{cases}$$

如果 $\alpha_1, \alpha_2 > 0$，当 $\beta_2 > 1$ 则有两个负根时，点 $P_1(N_1, 0)$ 稳定；当 $\beta_2 < 1$ 时，则有一正一负两个根，点 $P_1(N_1, 0)$ 为鞍点。

如果 $\alpha_1 < 0$，则必有一个正根，点 $P_1(N_1, 0)$ 肯定不是稳定点，或者是不稳定，或者是鞍点。

3. 对点 $P_2(0, N_2)$ 的稳定性分析

平衡点为 $P_2(0, N_2)$ 的雅克比矩阵为：

$$J = \begin{bmatrix} \alpha_1(1-\beta_1) & 0 \\ -\dfrac{\alpha_2 \beta_2 N_2}{N_1} & -\alpha_2 \end{bmatrix}$$

特征方程系数为：

$$\begin{cases} \omega = \alpha_1(1-\beta_1) - \alpha_2 \\ T = |J| = -\alpha_1 \alpha_2 (1-\beta_1) \end{cases}$$

可以计算得出：

$$\omega^2 - 4T = (\alpha_1 + \alpha_2 - \alpha_1 \beta_1)^2 \geq 0$$

因此两个特征根为：

$$\begin{cases} \lambda_1 = \alpha_1(1-\beta_1) \\ \lambda_2 = -\alpha_2 \end{cases}$$

如果 $\alpha_1, \alpha_2 > 0$，当 $\beta_2 > 1$ 时，则有两个负根，点 $P_2(0, N_2)$ 稳定；当

$\beta_2 < 1$ 时，则有一正一负两个根，点 $P_2(0, N_2)$ 为鞍点。

如果 $\alpha_2 < 0$，则必有一个正根，点 $P_2(0, N_2)$ 肯定不是稳定点，或者是不稳定，或者是鞍点。

4. 对点 $P_3(x^*, y^*)$ 的稳定性分析

平衡点为 $P_3(x^*, y^*)$ 的雅克比矩阵为：其中 $x^* = \dfrac{N_1(1-\beta_1)}{1-\beta_1\beta_2}$，$y^* = \dfrac{N_2(1-\beta_2)}{1-\beta_1\beta_2}$

$$J = \begin{bmatrix} \alpha_1\left(1 - \dfrac{2x^*}{N_1} - \dfrac{\beta_1 y^*}{N_2}\right) & -\dfrac{\alpha_1\beta_1 x^*}{N_2} \\ -\dfrac{\alpha_2\beta_2 y^*}{N_1} & \alpha_2\left(1 - \dfrac{2y^*}{N_2} - \dfrac{\beta_2 x^*}{N_1}\right) \end{bmatrix}$$

$$= \begin{bmatrix} -\dfrac{\alpha_1(1-\beta_1)}{1-\beta_1\beta_2} & -\dfrac{\alpha_1\beta_1(1-\beta_1)N_1}{N_2(1-\beta_1\beta_2)} \\ -\dfrac{\alpha_2\beta_2(1-\beta_2)N_2}{N_1(1-\beta_1\beta_2)} & -\dfrac{\alpha_2(1-\beta_2)}{1-\beta_1\beta_2} \end{bmatrix}$$

特征方程系数为：

$$\begin{cases} \omega = f_{1X} + f_{2Y} = \dfrac{-\alpha_1 + \alpha_1\beta_1 - \alpha_2 + \alpha_2\beta_2}{1-\beta_1\beta_2} \\ \qquad = -\dfrac{\alpha_1(1-\beta_1)}{1-\beta_1\beta_2} - \dfrac{\alpha_2(1-\beta_2)}{1-\beta_1\beta_2} \\ T = |J| = \dfrac{\alpha_1\alpha_2(1-\beta_1)(1-\beta_2)}{(1-\beta_1\beta_2)^2} - \dfrac{\alpha_1\alpha_2\beta_1\beta_2(1-\beta_1)(1-\beta_2)}{(1-\beta_1\beta_2)^2} \\ \qquad = \dfrac{\alpha_1\alpha_2(1-\beta_1)(1-\beta_2)}{1-\beta_1\beta_2} \end{cases}$$

为了保证具有实际意义，$P_3(x^*, y^*)$ 必须在第一象限里，因此，

$$x^* = \dfrac{N_1(1-\beta_1)}{1-\beta_1\beta_2} > 0$$

$$y^* = \frac{N_2(1-\beta_2)}{1-\beta_1\beta_2} > 0$$

可以计算得出：

$$\omega^2 - 4T = \frac{[\alpha_1(1-\beta_1) + \alpha_2(1-\beta_2)]^2}{(1-\beta_1\beta_2)^2} -$$

$$\frac{4\alpha_1\alpha_2(1-\beta_1)(1-\beta_2) - 4\alpha_1\alpha_2\beta_1\beta_2(1-\beta_1)(1-\beta_2)}{(1-\beta_1\beta_2)^2}$$

$$= \frac{[\alpha_1(1-\beta_1) - \alpha_2(1-\beta_2)]^2}{(1-\beta_1\beta_2)^2} + \frac{4\alpha_1\alpha_2\beta_1\beta_2(1-\beta_1)(1-\beta_2)}{(1-\beta_1\beta_2)^2} \geq 0$$

特征方程的两个根为：

$$\lambda = \frac{\omega \pm \sqrt{\omega^2 - 4T}}{2}$$

如果$\omega > 0$，则有两个正根。如果$\omega < 0$，则有两个负根，点$P_3(x^*, y^*)$稳定。

如果$\alpha_1, \alpha_2 > 0$，则$\omega < 0$，当$\beta_1 > 1$，$\beta_2 > 1$或者$\beta_1 < 1$，$\beta_2 < 1$时，则有两个负根，点$P_3(x^*, y^*)$稳定；当$\beta_1 < 1$，$\beta_2 > 1$或者$\beta_1 > 1$，$\beta_2 < 1$时，则有一正一负两个根，点$P_3(x^*, y^*)$为鞍点。

如果$\alpha_1, \alpha_2 < 0$，则$\omega > 0$，则必有一个正根，点$P_3(x^*, y^*)$肯定不是稳定点，或者是不稳定，或者是鞍点。

$$\begin{cases} x^* = \dfrac{N_1(1-\beta_1)}{1-\beta_1\beta_2} \\ y^* = \dfrac{N_2(1-\beta_2)}{1-\beta_1\beta_2} \end{cases}$$

可以推导出：

$$\begin{cases} \beta_1 = \dfrac{N_1N_2 - x^*N_2}{N_1 y^*} \\ \beta_2 = \dfrac{N_1N_2 - y^*N_1}{N_2 x^*} \end{cases}$$

采用对于非线性方程平衡点的稳定性分析方法对四个均衡点进行稳定性分析,得到的结果在表 4-1 之中,表明在 β_1 和 β_2 不同的条件下均衡点是否稳定。空缺表示没有经济意义。

表 4-1 　　　　制度系统模型均衡点的稳定性分析

	$O(0,0)$	$P_1(0,N_1)$	$P_2(N_2,0)$	$P_3\left(\dfrac{N_1(1-\beta_1)}{1-\beta_1\beta_2},\dfrac{N_2(1-\beta_2)}{1-\beta_1\beta_2}\right)$
$\beta_1<1,\ \beta_2<1$	不稳定	鞍点	鞍点	稳定
$\beta_1<1,\ \beta_2>1$	不稳定	稳定	鞍点	—
$\beta_1>1,\ \beta_2<1$	不稳定	鞍点	稳定	—
$\beta_1>1,\ \beta_2>1$	不稳定	稳定	稳定	稳定
$\beta_1=1,\ \beta_2=1$	不稳定	—	—	—

利用相关数据对模型（4-2）进行拟合,可以对三个方面进行验证：
（1）制度系统中公平与效率存在交叉影响。
（2）依据相关参数估计值判断制度系统中的均衡点是否稳定。
（3）依据均衡点和相关参数估计值评价制度系统。

二　制度系统灰关联熵

随着中国经济的高速发展,城乡居民收入差距问题逐步显现,引发了一些社会和经济问题,这也吸引了学界对此问题的研究。目前的研究更多地侧重于城乡居民收入差距的原因和应对策略等方面,而对于城乡居民收入差距度量的探讨则较为单薄。本书将对以往关于度量城乡居民收入差距的研究进行简单评述,随后借鉴灰关联熵方法提出制度系统灰关联熵来度量城乡居民收入差距,并应用相关数据对中国的城乡居民收入差距进行实证分析。

（一）城乡居民收入差距的度量方法

1. 城乡居民收入比

研究城乡收入差距的文献众多,在大部分研究中,度量城乡收入

第四章 制度系统分析方法

差距采用城乡居民收入比：

$$y = \frac{Y_u}{Y_r}$$

其中，Y_u 表示城镇居民收入；Y_r 表示农村居民收入。

在一般情况下，城乡居民收入比的计算主要采用的数据是统计年鉴中城镇居民的人均可支配收入和农村居民的人均纯收入。

但是也有一些研究认为，用城乡居民收入比来表示城乡居民收入差距不能准确地反映城乡居民收入的实际差距，因为城镇居民人均可支配收入与农民人均纯收入二者存在统计口径上的不一致问题。由于统计年鉴的居民收入定义忽略了一些收入项目，对城乡居民个人收入有不同程度的低估，并且城镇居民收入的低估幅度远远大于农村居民，例如某些实物性补贴，这些补贴只提供给城镇居民，是把农村居民排除在外的，因而以城乡收入比表示的城乡居民收入差距也被低估了。

对此，一些研究对低估的城镇和农村居民收入的某个方面的偏差进行了一定程度的修正，以得到更真实的城乡收入差距。Adelman，Sunding（1987）估计了某一特定年份城镇居民所获得的隐性补贴，以修正城乡居民收入差距的低估问题。Sicular 等（2007）通过调整空间价格差异，并考虑了移民因素，重新计算了城乡之间的收入差距。李实（2007）认为城镇居民存在五类隐性补贴，包括公有住房补贴、社会保障等，并通过对相关调查数据和文献的分析，估算出城乡居民所享有的各类隐性补贴，并据此计算出城乡收入比来衡量城乡收入差距。

这种度量方法是最直接最简单的方法，也是应用程度最大的一种方法，许多对差距原因的分析就是采用这种方法。尽管通过数据的调整，使城乡收入比更接近真实的差距，但并不能够掩盖这种方法存在的一些弊端：

（1）城乡居民收入比不能有效表达城乡居民收入差距稳定或扩大状态下居民收入结构的改善。城乡收入比掩盖了城镇或者农村居民收入自身的变化，并且，即使城乡居民收入比值保持静止不变，也不

· 49 ·

意味着城乡收入差距的不变,甚至二者的绝对差距有可能变得更大。并且城乡居民收入比只反映了在既定人口比重下城镇居民和农村居民之间收入分配结果的水平差异,这个水平差异背后的收入流结构的改善也已被忽略。

(2) 对城乡居民收入比无法作进一步分项分解,即无法通过城乡居民收入来源的分解解释收入差距的现实成因。该度量方法只是描绘了城乡居民收入差距的大体状况,至于是哪些收入来源改变了收入差距状况,各种收入来源对收入差距贡献如何都无从得知,无法进行深入分析,也就无法有针对性地提出解决方案。

2. 基尼系数

基尼系数(Gini Coefficient)是一个被广泛使用的用来测度收入不均等程度的指标,这个指标是在洛仑兹曲线的基础上得出来的。洛仑兹曲线是由洛仑兹(M. O. Lorenz, 1907)提出来的,用来说明一定百分比收入居民的总收入占整体收入的比例。把人口百分比按从最穷到最富的次序标在横坐标轴上,得到了洛伦兹曲线(如图4-3)。

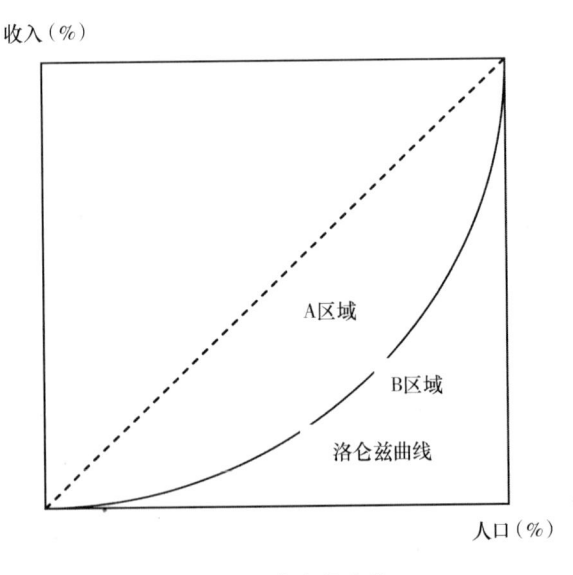

图4-3 洛仑兹曲线

洛仑兹曲线的函数形式是：

$$L(p) = L(F(y)) = \frac{1}{\mu}\int_a^y yf(y)dy$$

其中，y 是收入；$f(y)$ 是收入分布的密度函数；$F(y)$ 是收入分布的累积密度函数：

$$P(Y < y) = F(y) = \int_a^y f(y)dy$$

表示收入小于 y 的累积密度函数值。

y 的取值范围是 $[a,b]$，$a > 0$，$b < +\infty$。

当 $y = a$ 时，$F(a) = 0$。

当 $y = b$ 时，$F(b) = 1$。

μ 是居民的平均收入，表示为：

$$\mu = \int_a^b ydF(y) = \int_a^b yf(y)dy$$

因此，洛仑兹曲线可表示为收入小于或等于 y 的居民总收入占整体居民总收入的份额。

基尼系数的几何解释就是图 4-4 中两个几何区域面积之比：

$$G = \frac{A}{A + B}$$

基尼系数的几何解释对于理解基尼系数比较容易，但是依据这种方法来计算基尼系数却比较复杂，因此在使用时，围绕着两个区域面积之比展开。

基尼（1912）等证明了两个区域面积之比的基尼系数总是等于相对平均差的 1/2：

$$G = \frac{\Delta}{2\mu}$$

其中，Δ 表示收入分布的绝对平均差：

$$\Delta = E|y_i - y_j|$$

E 表示数学期望；y_i 和 y_j 是同一分布的变量。

相对平均差就是绝对平均差与收入均值之比：

$$\frac{\Delta}{\mu} = \frac{E|y_i - y_j|}{\mu}$$

基尼系数利用每对收入之差计算得出的绝对平均差,避免了差值的集中度,同时还避免了其他方法任意性大的乘方过程,又不损害敏感性。

一些学者在这个结果的基础上进一步分析和证明,基尼系数可以用一个简单的公式来计算:

$$G = \frac{\Delta}{2\mu} = 1 - \frac{1}{\mu}\int_a^b (1 - F(y))^2 dy$$

基尼系数最初是被用来计算收入不平等的,一些学者尝试将基尼系数的计算方法引入城乡收入差距的测度中,但是并不乐观。李涛、李炯(2007)利用城镇居民和农村居民收入比重和人口比重,采用差值法计算得到城乡收入差距的基尼系数:

$$G_d = I_u - P_u = P_r - I_r$$

其中,I_u 和 P_u 分别代表城镇居民收入在居民总收入中的比重和城镇居民人口在总人口中的比重;I_r 和 P_r 分别表示农村居民的收入比重和人口比重。

可以看出,这里所谓的能够衡量城乡收入差距的城乡居民收入差距基尼系数,并非通常意义上的基尼系数,而只是打了一个名字上的擦边球。

基尼系数是衡量一个整体的收入差距,对与城镇和农村居民收入之间的差距很难衡量。但是 Sundrum(1990)和 Cowell(2000)针对基尼系数的可分解性问题进行了研究,提出了基尼系数分解分析方法,这间接地改善了基尼系数用于城乡收入差距的境况。Sundrum 的基尼系数分解分析方法适用于不重叠人群(富人和穷人)的分组,但是按照城镇和农村分类和按照穷富分类的两个划分标准之间存在重叠,导致基尼系数在不同人群组之间是无法完全分解殆尽的,这也是基尼系数的分解所面临的问题。Cowell 认为,如果一定要在不同人群组之间进行分解的话,为了解决重叠问题,总体基尼系数除了包括组内差距和组间差距之外,还应该包括一个相互作用项(interaction term)。很多学者在这一观点基础上提出的所谓城乡混合基尼系数并非衡量城乡收入差距的,而是考虑了城镇居民和农村居民的组内差距和组间差距的总体基尼系数。董静、李子奈（2004）根据这一方法，通过修正城镇和农村居民基尼系数的权重计算，得出城乡混合基尼系数，李权葆、薛欣（2013）也根据这一方法计算出各省城乡混合基尼系数。可以说，城乡混合基尼系数仍然是衡量整体收入的差距。但是，在分解分析过程中，组间差距是不是在理论上能够反映出城镇和农村之间的差距？

程永宏（2006）认为，"组间差距"仅仅是各组平均收入和总平均收入的函数，不能反映城乡收入差距，他推导出一个能够反映城乡收入差距的指标。他在对基尼系数的推导过程进行充分解释的基础上，经过严密推导，得出一个计算城乡混合基尼系数 G_n 的分解方法：

$$G_n = \theta G_1 + (1-\theta) G_2 + \alpha\beta \frac{D}{\mu}$$

其中，G_1 和 G_2 分别为农村居民和城镇居民内部的基尼系数，θ 为农村居民总收入占全国收入的份额，所以 $1-\theta$ 为城镇居民总收入占全国收入的份额，α 为农村人口占全国人口的比重，β 就是城镇人口占全国人口的比重，μ 是全国居民平均收入，而最关键的是 D。

$$D = \int_0^{t_1} (F_1 - F_2)^2 dt$$

其中，F_1 和 F_2 分别是农村和城镇居民的收入分布函数，t_1 是农村居民最高收入和城镇居民最高收入中较高的一个。

对于 D，程永宏说明了与 Cowell 组间差距的差异，认为其具有明确的经济含义："它是度量城乡差距的一个优良指标，能比城乡人均收入之比（或差）更全面地反映城乡差距。"并且花费较大篇幅证明其原因。最后，程永宏通过计算得到1990年城乡居民收入差距对全国总体收入差距的解释程度只有22.4%。

可以说，指标 D 其实只是进行城乡混合基尼系数计算过程中的副产品，仍然不能进行原因分解分析。

王玉梅（1998）有一个将基尼系数应用于测度城乡收入差距的思路，就是将洛仑兹曲线的含义进行改变，将农业人口占总人口的百分比作为横轴 x，以农业人口的收入（或消费支出）占总收入的百分比作为纵轴 y，对角线即 $x=y$ 线为均衡线，代表城乡居民收入相等；$x \neq y$ 时，代表城乡居民收入不等。当前农民收入低于职工收入，所以表示农村收入情况的线段在均衡线下方，它呈一折线，这就是洛伦兹曲线。它同均衡线围成一个三角形面积，这就是城乡收入水平差异面积。根据差异面积和基尼系数集合含义的公式求出基尼系数，就是衡量城乡收入差距的基尼系数指标。尽管这一思路很巧妙，但是依然不能进行原因分解分析。

3. 泰尔指数

对于基尼系数无法进行充分的分解分析问题，一些研究采用泰尔指数（Theil Index）来弥补基尼系数的不足，泰尔指数最大的优点就是可以进行分解分析，具有相对优异的分解性。

1948 年，香农（Claude Elwood Shannon）将熵的概念和统计学描述的熵定理引入信息论，用以表示系统的不确定性、稳定程度和信息量，泰尔（Theil, 1967）利用信息理论中的熵概念来计算收入不平等，被称为泰尔指数，又被称为泰尔熵标准。

设 x 为某个事件发生的概率，如果收到的消息说这个事件真的发生了，那么这一条消息所包含的信息量为 $h(x)$，其数学表达式被定义为：

$$h(x) = \ln\left(\frac{1}{x}\right)$$

表明信息量为事件发生概率 x 的减函数。

假设有 n 件可能事件发生的概率为 $x_1, x_2, \cdots, x_n$，根据熵的定义：

$$H(x) = \sum_{i=1}^{n} x_i h(x_i) = \sum_{i=1}^{n} x_i \ln\left(\frac{1}{x_i}\right)$$

表示以每一个事件发生概率加权后的信息量的总和。

熵本来是表示系统的有序性即混乱程度的，熵较大意味着系统有序性较低，较为混乱。根据代入信息量公式之后的形式可以看出：

如果 n 个事件中，只有一个事件的概率为 1，其他事件的概率都为 0，则熵 $H(x)$ 为 0，系统处于最有序状态。

如果 n 个事件中，每一个事件的概率相等，均为 $\frac{1}{n}$，此时的熵 $H(x)$ 达到最大值，为 $\ln n$，系统处于最混乱状态。

将熵应用到衡量收入不平等之后,可以反映收入分配的有序性:将个体收入占整体收入的比重看作一个事件,将这一比重的比值看作该事件发生的概率,这个熵就是泰尔指数:

$$T = \frac{1}{n}\sum_{i=1}^{n}(\frac{y_i}{\bar{y}}\ln\frac{y_i}{\bar{y}})$$

其中,y_i 表示个体 i 的收入;$\bar{y} = \frac{1}{n}\sum_{i=1}^{n}y_i$,即总体的平均收入;$n$ 为总体中的个体数。

其实,泰尔指数只是普通熵标准(generalized entropy measures)的一种特殊情况。

Shorrocks(1980)提出了一种通过因子成分分解的收入不均等形式,实现泰尔指数分解分析,也推进了泰尔指数的应用。

将样本分为多个群组时,泰尔指数可以分别衡量组内差距与组间差距对总差距的贡献。泰尔指数与基尼系数不同,可以完全分解为组内差异和组间差异:

$$T = T_B + T_W$$

假设包含 n 个个体的样本被分为 $r_i(i = 1,2,\cdots,m)$ 个群组,每组分别为 $j(j = 1,2,\cdots,k)$ 个个体,r 表示群体的总人数,r_i 表示第 i 个子群组的人数,r_{ij} 表示第 i 个子群组中的个体 j,可以看出 $\sum_{i=1}^{m}\sum_{j=1}^{k}r_{ij} = n$,$y_{ij}$ 表示第 i 个子群组中的个体 j 的收入。

泰尔指数可以写为:

$$T = \sum_{i=1}^{m}\sum_{j=1}^{k}\frac{y_{ij}}{\bar{y}}\ln\frac{\frac{y_{ij}}{\bar{y}}}{\frac{r_{ij}}{r}} = \sum_{i=1}^{m}\frac{y_i}{\bar{y}}\ln\frac{\frac{y_i}{\bar{y}}}{\frac{r_i}{r}} + \sum_{i=1}^{m}\frac{y_i}{\bar{y}}(\sum_{j=1}^{k}\frac{y_{ij}}{\bar{y}_i}\ln\frac{\frac{y_{ij}}{\bar{y}_i}}{\frac{r_{ij}}{r_i}}) = T_B + T_W$$

其中,T_B 表示群组间差距(Between-Group),说明 $i(i = 1,2,\cdots,m)$ 个子群组之间的收入不平等程度:

$$T_B = \sum_{i=1}^{m}\frac{y_i}{\bar{y}}\ln\frac{\frac{y_i}{\bar{y}}}{\frac{r_i}{r}}$$

T_W 表示群组内差距（Within-Group），表示所有子群体内部各个个体之间的收入分配不平等程度。设 T_i 表示第 i 个子群体的收入不平等程度：

$$T_i = \sum_{j=1}^{k} \frac{y_{ij}}{\bar{y}_i} \ln \frac{\frac{y_{ij}}{\bar{y}_i}}{\frac{r_i}{r}}$$

其中，$\bar{y}_i = \frac{1}{n} \sum_{j=1}^{k} y_{ij}$ 表示第 i 个子群组的平均收入。

将 T_i 以其在总群体中的收入比重作为权重，可以计算出所有子群组内部的收入不平等程度。

$$T_W = \sum_{i=1}^{m} \frac{y_i}{\bar{y}} T_i$$

在此要说明的是，把 y 作为收入，r 作为人口，得到的是泰尔 T 指数；如果倒过来，把 y 作为人口，r 作为收入，得到就是泰尔 L 指数。

应用泰尔指数对全国收入差距进行分解分析，可以将全部居民分为城镇和农村两个部分，这样，全国的收入差距可分解为城乡间收入差距和城镇农村内部收入差距，而城镇农村内部收入差距由城镇内部收入差距和农村内部收入差距的加权汇总得到，所以全国收入差距可分解为三个部分：城镇内部收入差距、农村内部收入差距以及城乡之间收入差距。可以看出，城乡收入差距只是泰尔指数分解分析全国收入差距的"副产品"。

许多学者都采用过这样的方法对中国收入差距进行分解分析，并计算出总体收入差距和包括城乡收入差距在内的三个部分的分解值，并强调了城乡差距对全国收入差距的贡献率或者称为城乡差距对全国收入差距的解释程度。罗楚亮（2006）计算得出1988年、1995年与2002年三个年份城乡居民收入差距对全国总体收入差距的解释程度分别为33%、37%和40%。而罗亦鹏（2012）也运用这一方法计算出1990—2008年城乡分解的泰尔指数，其中1995年与2002年城乡居民收入差距对全国总体收入差距的解释程度分别为77.42%和75.46%。刘学良（2008）运用城乡分解的泰尔指数计算了 1995—2006 年间城乡收入差距、城乡消费差距、居民就业单位性质收入差距、居民就业行业收入差距，其中 1995 年与 2002 年城乡居民收入差距对全国总体收入差距的解释程度分别为 63.36% 和 72.11%。从计算的结果看，罗亦鹏与刘学良有一定的差别，但是差别不大，但是二者与罗楚亮的差别较大。

泰尔指数可以完全分解为全国收入差距，而分解出来的城乡间收入差距可以作为独立的指标对城乡居民收入差距进行度量。王少平、欧阳志刚（2007）在对中国的城乡收入差距和经济增长之间的关联关系进行的研究中，对城乡收入差距的度量就是采用泰尔指数分解出来的城乡间差距指标：

$$T_B = \sum_{i=1}^{2} \frac{y_i}{\bar{y}} \ln \frac{\frac{y_i}{\bar{y}}}{\frac{r_i}{r}}$$

其中，$i = 1,2$，分别表示城镇和农村地区，y 作为收入，r 作为人口。

尽管应用泰尔指数来测度城乡收入差距的做法非常普遍，但是也存在着一定的应用限制，比如受样本容量大小的影响很大，容量越大，泰尔指数会越大。

城乡居民收入差距受到复杂因素的影响，而当前众多研究中测度城乡居民收入差距的方法对于复杂因素的测度不可能面面俱到，因此本研究期望引入系统论方法来探寻涵盖更多信息的度量城乡居民收入差距的方法。

这几种方法对于复杂因素影响的城乡居民收入差距的反映不可能面面俱到，仍然有必要通过引入其他方法，以继续探寻能够涵盖更多信息的度量方法。本书将灰关联熵方法引入，构建一个新的度量城乡居民收入差距的方法，并将此数据应用于突变模型分析。

（二）熵的基本概念与熵分析方法

对系统的有序性的衡量一般使用物理量熵这一概念，系统的熵大，则其有序程度低；反之，系统的熵小，则其有序程度高。所以，就可以利用熵与有序度的关系，用熵来描述系统的演化方向。而熵是物理学概念，最早应用于热力学中，是由德国物理学家克劳修斯（R. Clausius）所提出的。克劳修斯在研究卡诺循环时，根据卡诺定理提出了一个有冷体和热体温度决定的传热过程状态函数，但没有给出相应的物理概念和名称。1865 年，克劳修斯在其发表的论文《力学的热理论的主要方程之便于应用的形式》中进一步提出了对任意可逆循环过程都适用的一个公式，即 $dS = \dfrac{dQ}{T}$，Q 为热量，T 为温度，并将物理量 S 命名为熵（Entropy）①，表示可逆过程中物质吸收的热与温度之比值，明确表达了"熵"的概念。[89]

在克劳修斯看来，在一个系统中，能量差总是倾向于消除的。让一个热物体同一个冷物体接触，热就会以这样的方式流动：热物体将冷却，冷物体将变热，直到两个物体达到相同的温度为止。熵就是表示任何一种能量在空间中分布的均匀程度，能量分布得越均匀，熵就越大。当一个体系的能量完全均匀分布时，这个系统的熵就达到最大值。同时，他发现熵有一个重要性质，熵的改变量大小仅与研究对象的起始状态和终止状态有关，而与其经历的热力学路径无关，并依据热力学第二定律证明了孤立系统中熵仅能加大或不变的熵增加原理，即 $dS \geqslant 0$。

1872—1877 年，玻尔兹曼（Ludwig Edward Boltzmann）对熵进行了统计学的描述，将熵与分子无规则运动的状态概率描述相联系，提出了著名的熵定理：

$S = k \ln W$

其中，k 为玻尔兹曼常数，W 为热力学概率。这一定理指出熵与热力学概率的对数成正比。[90]

---

① "熵"字为中国著名物理学家胡刚复教授创造的，沿用至今。1923 年，德国科学家普朗克（I. R. Planck）在南京第四中山大学讲学时用到了 entropy 这个词，胡刚复教授（时任南京第四中山大学自然科学院院长）担任翻译，根据 entropy 意为热量与温度之商，而且这个概念与火有关，就为"商"字另加火旁，首次创造了中国字典中从未有过的新字"熵"。

第四章 制度系统分析方法

1948年,香农(Claude Elwood Shannon)将熵的概念和统计学描述的熵定理引入信息论,用以表示系统的不确定性、稳定程度和信息量,进一步增加了熵的应用性和解释力。其中,用信息度量系统有序程度,熵则度量系统无序程度,二者绝对值相等,符号相反。当系统存在几个不同的状态 $x_i(i=1,2,\cdots,m)$,每个状态出现的概率为 $p_i = p(x_i)$ 时,将该系统的熵定义为:

$$H(x) = -C\sum_{i=1}^{m} p(x_i)\log p(x_i) \qquad (4-5)$$

由公式(4-5)可知,熵有如下主要性质:(1)可加性:系统的熵等于其各个状态的熵之和;(2)非负性:根据概率的性质,$\log p_i \leq 0$,因而系统的熵是非负的;(3)极值性:当系统状态概率为等概率,即 $p_i = \dfrac{1}{m}(i=1,2,\cdots,m)$ 时,其熵达到最大;(4)与状态编号无关性:系统的熵与其状态出现概率 p_i 的排列次序无关。

克劳修斯的熵增加定理 $dS \geq 0$ 只是限定在不与外界进行能量交换的孤立系统[①]中,处于非平衡状态的孤立系统具有较小热力学概率和熵,也就是具有较高的向特定目标即平衡态演化的有序性,熵不断增加,直到达到具有最大熵的平衡态,孤立系统达到平衡态时最无序、最混乱,此时熵也处于最大的状态。

而现实中的系统大多都是开放系统,存在与外界的能量交换,因此开放系统中熵并不一定是单调增加的,开放系统的熵可以分成两部分:一部分是系统内部熵的产生,另一部分是系统受外界影响的熵变。公式可以写为:

$$dS = d_iS + d_eS \qquad (4-6)$$

其中,d_iS 表示系统内部产生的正熵,即 $d_iS \geq 0$;d_eS 表示系统与外界物质和能量交换所引起的熵变,d_eS 可以为正,也可以为负。

[①] 在热力学之中,与其他物体既没有物质交换也没有能量交换的系统称为孤立系统(isolated system),除了把整个宇宙视为一体之外,孤立系统并不存在于现实之中。而开放系统(open system)则是与外界既有物质交换也有能量交换的系统。

在开放系统中，只有当系统从外界获得能量，从而可以促使 d_eS 为负，并且只有当 $d_eS<0$，且 $|d_eS|>d_iS$ 时，$dS \leq 0$ 才能成立，即整个系统的熵才能够减少，这样才能使系统的有序性不断提高。

对于熵的分析，尽管熵被引入信息论后所提出的例如公式（4-5）的统计学描述，提升了熵的应用意义，但是更多研究仍然集中在定性分析上。在定量研究方面，对于熵模型的构建和应用主要分为类热力学方法和类统计物理学方法。[90]

类热力学方法仿照克劳修斯所提出的熵的定义，即利用温度和热量或者速度和时间这样一对强度量和广延量之比来定义熵，例如，Hyeon（2001）基于这一方法重新解释了风险资产价格模型，构建了金融系统熵变模型；[91]张志峰等（2007）构建的企业系统熵变模型同样采用类热力学方法，将企业系统熵界定为某一状态下所拥有的能量与其经济价值之比。[92]类统计物理学方法则是借鉴信息熵的形式来定义熵，即玻尔兹曼或者香农的方法，国内的很多研究常常采用此方法，例如张志峰和 Jindal（2011）通过描述制造系统的各种运行状态和对应概率，进而求出系统的熵。[93]而在实际中常常面临数据信息不够充分，无法完全列举系统的各个状态以及相应的概率，因此张岐山等（1996）学者根据灰色系统理论中的灰色关联分析构建了灰关联熵分析方法，[94]并得到了较为广泛的应用。

(三) 灰关联熵分析方法

灰关联熵分析方法主要依赖于灰色系统理论中的灰色关联分析方法。灰关联分析是贫信息系统分析的有效手段，是灰色系统方法体系中的一类重要方法。[94]

1. 灰关联系数[95]

设数列 $X^* = (x_1^*, x_2^*, \cdots, x_m^*)$ 为主行为数列，数列 $Y^* = (y_1^*, y_2^*, \cdots, y_m^*)$ 为参考数列，根据灰色理论，依据公式（4-7）对数列 X^* 和 Y^* 进行无量纲化：

$$x_i = \frac{x_i^*}{\frac{1}{m}\sum_{i=1}^{m} x_i^*}$$

$$y_i = \frac{y_i^*}{\frac{1}{m}\sum_{i=1}^{m} y_i^*}, (i=1,2,\cdots m)\tag{4-7}$$

得到两个新数列 $X=(x_1,x_2,\cdots,x_m)$ 和 $Y=(y_1,y_2,\cdots,y_m)$。则灰色关联系数为：

$$r(x_i,y_i) = \frac{\Delta(\min)+\rho\Delta(\max)}{|x_i-y_i|+\rho\Delta(\max)}, (i=1,2,\cdots m)\tag{4-8}$$

其中，$\Delta(\min)=\min\{|x_i-y_i|\}$，$\Delta(\max)=\max\{|x_i-y_i|\}$，$(i=1,2,\cdots m)$，$\rho(0<\rho<1)$为分辨系数。其中$\rho$值的设置影响较大。$\rho$值的取值越大，$\rho$对关联系数的影响越大，$\rho$值的取值越小，关联系数间差异的显著性就越大。

根据灰色关联系数公式（4-8）可以看出，灰色关联系数越大，说明主行为数列和参考数列之间的差距越小，二者之间的关联程度就越高。但是，计算得出的灰关联系数也是一个数列，每一个系数只是反映了两个数列中相应两个量之间的灰色关联，并不能反映整个系统。而能够反映系统无序程度的是灰色关联熵。

2. 灰关联熵

灰关联熵的构建主要是在香农的信息熵思想的基础上进行扩展，在信息不完全的情况下采用灰关联系数来得到的。

定义1：设数列$X=(x_1,x_2,\cdots;x_m)$，$x_i>0$，且$\sum x_i=1$，称函数

$$S(X) = -\sum_{i=1}^{n} x_i \ln x_i \tag{4-9}$$

为数列X的灰色熵，x_i为属性信息。

通过比较灰色熵公式（4-9）与信息熵公式（4-5）可以看出，二者是依据相同的思想构建的，具有相同的结构，因此灰色熵具有信息熵的全部性质，即可加性、非负性、极值性、与状态编号无关性。但是二者仍然存在一定的区别：[94]

（1）信息熵是一种概率熵，而灰色熵是非概率熵，在概率等信息不完全的情况下采用。

（2）信息熵具有确定性，而灰色熵具有灰色性，即不完全确定。

定义2：依据公式（4-7）进行无量纲化后的两个数列 $X=(x_1,x_2,\cdots,x_m)$ 和 $Y=(y_1,y_2,\cdots,y_m)$，其中 X 为主行为数列，Y 为参考数列，则二者之间的灰色关联系数 $r(x_i,y_i)$ 构成数列 $R_i=\{r(x_i,y_i)|i=1,2,\cdots,m\}$，则

$$Map: R_i \to P_i$$

$$p_i = \frac{r(x_i,y_i)}{\sum_{i=1}^{m} r(x_i,y_i)}, p_i \in P_i, i=1,2,\cdots,m \qquad (4-10)$$

被称为灰关联系数分布映射，映射值 p_i 被称为分布的密度值。

根据灰色熵的定义和灰关联系数分布映射，称函数

$$S(X) = -\sum_{i=1}^{n} p_i \ln p_i \qquad (4-11)$$

为 X 的灰关联熵。

设 S 为熵集，$S=\{S(X)|i=1,2,\cdots,m\}$，则利用所求得的灰关联熵的变动可以判别系统演化方向。熵变判别模型为：

$$\Delta S = S(t+1) - S(t) \qquad (4-12)$$

其中，$S(t+1)$ 表示系统第 $t+1$ 时期的初态熵，即第 t 时期的末态熵；$S(t)$ 表示系统第 t 时期的初态熵；ΔS 表示第 t 时期的熵变，反映系统与外界的能量交换。

根据熵变 ΔS 值的大小和正负，可以判断系统的演化方向和内部稳定程度。[95]

当 $\Delta S > 0$ 时，表示系统的总熵出现增加，系统无序性增加，结构失稳。

当 $\Delta S < 0$ 时，表示系统处于熵产生减小的状态，表明系统的总熵减小，系统的有序性增强。

当 $\Delta S = 0$ 时，表示该时期内熵无变化。

三 制度系统尖点突变模型

(一) 突变理论及其应用

系统的演变过程既存在着连续的不断变化,也存在着不连续的飞跃,例如,系统熵不断增加,无序性不断增加,就有可能出现一次突然的跳跃性变化,从而进入一个新的状态。临界点附近的涨落①会导致跳跃性变化,这种跳跃的变化被称为突变。所谓突变就是指在系统演化过程中某些变量的连续逐渐变化,最终导致系统状态的突然变化,即从一种稳定的状态跳跃到另外一种稳定的状态。突变理论就是研究突变现象的一种理论。

突变理论是由法国科学家雷内·托姆(Rene Thom)提出的,他在总结了前人对不连续现象研究的基础上,于1968年发表了关于突变理论的论文《生物学中的拓扑模型》,随后,在1972年出版的《结构稳定性和形态发生学》中,明确、系统地阐述了突变理论,奠定了突变理论的基础,并且也宣告了突变理论的诞生。[96]之后,瓦维克(Warwick)、齐曼(E. C. Zeeman)完善和发展了突变理论。突变理论主要以拓扑学为工具,以奇点理论、结构稳定新理论为基础,用于研究非连续性突变现象。

1. 突变理论的基本概念

对于突变理论的使用,必须了解如下几个概念。

(1) 势

势在热力学系统中指的是自由能,在力学系统中指的是位置能,它决定系统演化的方向。势在社会学领域的应用,主要指的是系统采取某种趋向的能力。势的产生是由系统各个组成部分的相对关系、相互作用以及系统与环境的相互关系决定的,[97]一个系统所处的状态可以用一组参数来描述,因此可以利用系统的状态变量和外部控制参量

---

① 系统在每一时刻的实际量并不精确地处于平均值,而是或多或少地存在偏差,这些偏差就是涨落。涨落是偶然的、杂乱无章的、随机的。

构成势函数来描述系统。突变理论就是应用势函数来研究系统突变现象的。设 $X = (x_1, x_2, \cdots, x_m)$ 为系统的状态变量，$U = (u_1, u_2, \cdots, u_n)$ 为外部控制参量，则 $V = f(U, X)$ 称为系统的势函数，可以用来描述系统的行为。

表 4-2　　　　　　　　　　基本突变模型表

突变类型	控制变量	状态变量	势函数
折叠突变	1	1	$V(x) = x^3 + ux$
尖点突变	2	1	$V(x) = x^4 + ux^2 + vx$
燕尾突变	3	1	$V(x) = x^5 + ux^3 + vx^2 + wx$
蝴蝶突变	4	1	$V(x) = x^6 + tx^4 + ux^3 + vx^2 + wx$
双曲脐点突变	3	2	$V(x, y) = x^3 + y^3 + wxy - ux - vy$
椭圆脐点突变	3	2	$V(x, y) = \frac{1}{3}x^3 - xy^2 + w(x^2 + y^2) - ux + vy$
抛物脐点突变	4	2	$V(x, y) = y^4 + x^2y + wx^2 + ty^2 - ux - vy$

资料来源：凌复华：《突变理论及其应用》，上海交通大学出版社1987年版，第14页。

（2）奇点（Singularity）

系统大多处于连续变化的状态里，但是也存在一些定态点，在某些定态点附近，连续的变化能够引起突变，此时将定态点称为奇点。而这些定态点是系统状态的某个平滑函数存在的极值，即位势导数为零的点。因此，可以通过对系统的势函数进行求导来寻找相应的奇点，并在此基础上进行相关分析。设函数 $V = f(U, X)$，只要求微分方程（4-13）的解，就可以得到一个或几个奇点。

$$\frac{dV}{dx} = 0 \qquad (4 - 13)$$

（3）突变基本模型

托姆利用奇点的分类，研究归纳出在2个状态变量和4个控制变量以内的突变有7种类型，这7种类型按照几何形状被称为：折叠突变、尖点突变、燕尾突变、蝴蝶突变、双曲脐点突变、椭圆脐点突变、抛物脐点突变。各个突变类型的控制变量和状态变量的数量以及

第四章 制度系统分析方法

势函数的表示方式如表4-2所示。

2. 突变理论应用的方法步骤

突变理论从1972年确立后经过近半个世纪的研究发展，已经基本形成比较成熟的方法步骤：[98]

（1）通过对系统的各种可能变化的外部控制参量和内部状态变量的分析，构建描述系统的势函数：

$$V = f(U, X) \tag{4-14}$$

其中，$X = (x_1, x_2, \cdots, x_m)$为系统的状态变量，$U = (u_1, u_2, \cdots, u_n)$为外部控制参量。

（2）根据公式（4-15）找出所有平衡点构成的平衡曲面M。曲面M是由势函数$V = f(U, X)$的一阶导数求得的，是由系统的全部平衡点组成的。

$$\nabla_x V = V' = 0 \tag{4-15}$$

（3）求出系统的奇点集S。在满足公式（4-15）的同时还满足公式：

$$\Delta \equiv \det\{H(V)\} = 0 \tag{4-16}$$

其中，$H(V)$是势函数$V = f(U, X)$的海赛矩阵（Hessian Matrix）。海赛矩阵是对势函数的二阶导数：

$$H = \begin{pmatrix} \dfrac{\partial^2 f}{\partial x_1^2} & \dfrac{\partial^2 f}{\partial x_1 \partial x_2} & \dfrac{\partial^2 f}{\partial x_1 \partial x_3} & \cdots & \dfrac{\partial^2 f}{\partial x_1 \partial x_m} \\ \dfrac{\partial^2 f}{\partial x_2 \partial x_1} & \dfrac{\partial^2 f}{\partial x_2^2} & \dfrac{\partial^2 f}{\partial x_2 \partial x_3} & \cdots & \dfrac{\partial^2 f}{\partial x_2 \partial x_m} \\ \cdots & \cdots & \cdots & \cdots & \cdots \\ \dfrac{\partial^2 f}{\partial x_m \partial x_1} & \dfrac{\partial^2 f}{\partial x_m \partial x_2} & \dfrac{\partial^2 f}{\partial x_m \partial x_3} & \cdots & \dfrac{\partial^2 f}{\partial x_m^2} \end{pmatrix}$$

即奇点集S是由公式（4-15）和公式（4-16）构成的联立方程组（4-17）所限定的。

$$\begin{cases} \nabla_x V = V' = 0 \\ \Delta \equiv \det\{H(V)\} = 0 \end{cases} \tag{4-17}$$

（4）求出分歧点集（Bifurcation Set）B。分歧点集B在几何上表示系统的奇点集S在由所有控制变量$U=(u_1,u_2,\cdots,u_n)$构建的控制空间U上的投影。求分歧点集的方法，可通过由限定奇点集B的联立方程组（4-17）消去全部状态变量的方法而得到，分歧点集B是控制空间U中所有使势函数V的形式发生变化的点的集合。

（5）根据分歧点集S对控制空间U划分的区域进行讨论，判断系统突变发生的条件。

（二）制度系统的尖点突变模型

制度系统作为一个开放系统，制度系统熵符合前面所介绍的系统熵的特征，同样可以分成两部分：一部分是制度系统内部熵的产生，另一部分是制度系统受外界影响的熵变。这两部分对于制度系统总熵变的影响可以被概括为正熵和负熵两方面，因此整个制度系统存在着2个控制参量以及1个状态变量。在表4-2中的七种基本突变模型中，尖点突变模型恰好是由2个控制参量和1个状态变量所构建的，同时尖点突变模型也是突变模型中应用最为广泛的一个，[96]并且其平衡曲面容易构造，几何直观性强，因此对于制度系统熵的研究可以选择尖点突变模型来构建制度系统的耗散结构模型。

1. 制度系统尖点突变模型的分析步骤

依据尖点突变模型来构建制度系统熵变的势函数：

$$V(x)=x^4+ux^2+vx \qquad (4-18)$$

其中，x为状态变量，u和v为控制变量，u是系统受到的正熵影响，v是系统受到的负熵影响。(u,v)构成的平面为控制平面。

根据公式（4-15）对势函数（4-18）求一阶导数并设为0，求出制度系统的平衡曲面。

$$\frac{\partial V(x)}{\partial x}=4x^3+2ux+v=0 \qquad (4-19)$$

依据海塞矩阵求出奇点集。由于势函数（4-18）只有一个状态变量，因此，海赛矩阵为势函数（4-18）对状态变量x的二阶导数。

$$\frac{\partial^2 V(x)}{\partial x^2}=12x^2+2u=0$$

即

$$6x^2 + u = 0 \tag{4-20}$$

奇点集是由公式（4-19）和公式（4-20）组建方程组（4-21）所限定的：

$$\begin{cases} 4x^3 + 2ux + v = 0 \\ 6x^2 + u = 0 \end{cases} \tag{4-21}$$

根据方程组（4-21）可以求得分歧点集的方程：

$$8u^3 + 27v^2 = 0 \tag{4-22}$$

公式（4-22）的平面图（如图4-4所示）就是平衡曲面（4-19）在 $u-v$ 平面上的投影。

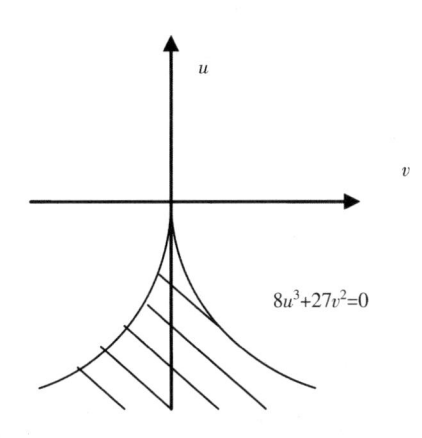

图4-4 (u,v) 平面上的分歧点集方程图

平衡曲面和控制曲面之间的关系可以用图4-4来展示。[99]上部是平衡曲面，底部是控制曲面(u,v)，控制曲面上的曲线是平衡曲面在(u,v)上的投影。

分歧点集曲线是由形成尖点的两条曲线连接而成的，所以这种突变称为尖点突变。当且仅当控制参量(u,v)的取值使点(u,v)在控制平面上越过曲线$8u^3 + 27v^2 = 0$时，x的值就会发生突变。

2. 突变临界点的稳定性分析

势函数的一阶导数为0所求得的系统平衡态的稳定性取决于势函

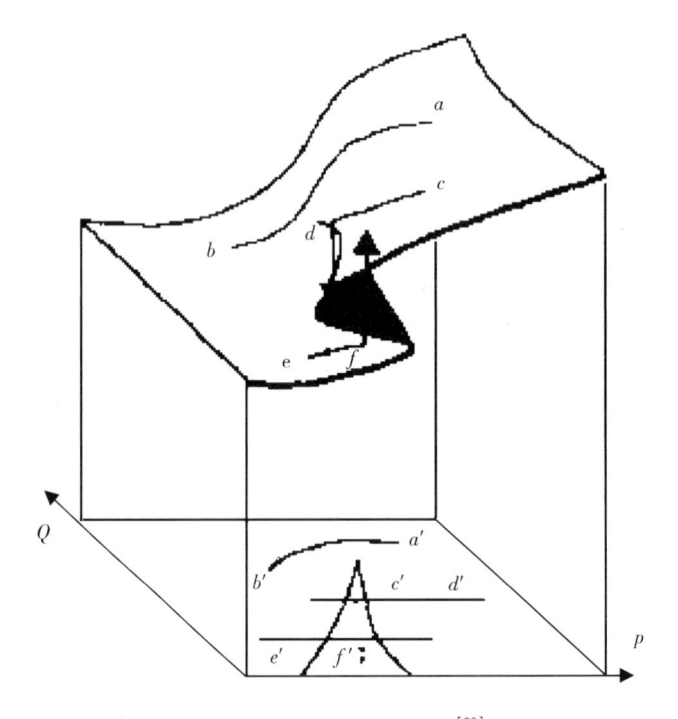

图 4-5　尖点突变模型图[98]

数的极值,而势函数取极大值还是极小值则决定于势函数二阶导数的正负。当势函数二阶导数为正,势函数取极小值时,所对应的平衡态是稳定的;当势函数二阶导数为负,势函数取极大值时,所对应的平衡态是不稳定的。

势函数 (4-18) 的平衡曲面方程 (4-19) 就是制度系统的平衡态。令:

$$\Delta = 8u^3 + 27v^2 \qquad (4-23)$$

则公式 (4-23) 是平衡曲面方程 (4-19) 稳定性的判别式,则有:

(1) 当 $\Delta = 0$ 时,就是图 4-4 中形成尖点的两条曲线,也就是阴影的边缘曲线,平衡曲面方程 (4-19) 有三个实根,当 $u \neq 0$ 且 $v \neq 0$ 时,其中两个根相同;当 $u = 0$ 且 $v = 0$ 时,三个根都相同。此时,制度系统处于临界状态。

（2）当Δ>0时，就是图4-4中非阴影部分，平衡曲面方程（4-19）只有一个实根，制度系统变化是连续的，不会发生突变。

（3）当Δ<0时就是图4-4中阴影部分，平衡曲面方程（4-19）有三个不相等实根，制度系统远离平衡状态，存在突变的可能。

本部分所构建的制度系统分析方法将会结合中国的实际数据对影响中国城乡居民收入差距的制度系统进行分析。

第五章

中国城乡居民收入差距扩大的历史、现状和特征

一 新中国成立以来城乡居民收入差距扩大的历史演进过程

新中国成立至今60多年来,制度的变迁从1978年的改革开放明显地分为了两个时期,因此本部分对中国城乡居民收入差距扩大的历史研究过程分析,也将参照这个划分方法来分别进行分析。当然,中国的制度和政策在改革开放之后才进入一个比较正常的路径之中,因此本部分描述的重点和之后部分的分析重点将放在改革开放之后的时期,而对于改革开放之前时期则只作简要的描述和分析。这两个时期的分析都是按照城乡居民收入比的变动趋势进行进一步分阶段分析的,原因在于变动过程中每一个拐点都体现出政策的较为明显的变动,因而可以反映出制度的变迁。

（一）改革开放之前城乡居民收入差距的演进过程

改革开放之前时期城乡居民收入比数据在表5-1中,可以看出,在改革开放之前,城乡居民收入差距的变动趋势大体上存在两个节点：一个是1957年左右,另一个是1966年。因而改革开放之前时期可以分为三个阶段：1949—1956年、1957—1966年和1967—1978年。

第五章 中国城乡居民收入差距扩大的历史、现状和特征

表 5-1　　　　　　改革开放之前城乡居民收入差距①

年份	城镇人均收入（元）	农村人均收入（元）	城乡居民收入比
1957	235	73	3.22
1958	234	77	3.04
1959	233	80	2.91
1960	232	84	2.76
1961	231	88	2.63
1962	229	93	2.46
1963	228	97	2.35
1964	227	102	2.23
1965	232	107	2.17
1966	238	109	2.18
1967	244	111	2.20
1968	250	113	2.21
1969	256	115	2.23
1970	262	117	2.24
1971	268	119	2.25
1972	274	121	2.26
1973	281	123	2.28
1974	288	125	2.30
1975	294	127	2.31
1976	301	129	2.33
1977	309	131	2.36
1978	316	134	2.37

资料来源：余攀：《改革前后我国城乡居民收入差距比较研究》，武汉科技大学 2010 年硕士学位论文。

1. 第一阶段：1949—1956 年，城乡居民收入差距逐步拉大

1949 年新中国成立之后直到 1956 年社会主义制度确立的这段时期，中国处于国民经济恢复发展时期，通过没收官僚资本、实行土地改革运动，对私人手工业、私人资本主义工商业、农业进行社会主义改造，建立起了社会主义国有经济和集体经济，实行计划经济政策。

---

① 改革开放之前城乡收入的资料较少，而 1949—1956 年的数据受能力所限未能收集到，因而表 5-1 中改革开放之前城乡收入差距的相关数据只是 1957—1978 年的。

而在改造过程中，大力发展商业，扩大城乡物资交流，尤其是对农产品的收购，扶持农业合作社。1953年以后，基本上没有滞销的土特产了。[101]在农村地区实行土地改革，废除地主土地所有制，将没收的地主土地分给贫苦农民，全国约有3亿无地和少地的农民无偿地获得了7亿亩土地，而农民土地劳动所得除了上交国家一小部分公粮外，全部归自己所有，这激发了农民的积极性，农业产值从1949年的325.9亿元连年增加，1952年达到483.9亿元，增长了48.5%，[102]农民收入也随之增加。而在新中国成立初期，城市也面临着旧中国遗留下来的大批失业人员，限制了城市收入增长速度，旧中国经济混乱所遗留的城乡居民收入差距得到逐步控制和缩小。

中国政府在第一个五年计划里开始了工业化，1949年，全国工业总产值在工农业总产值中的比重仅占30.1%，1959年，工业总产值在工农业总产值中的比重已上升到67.67%，工业的增速远超农业；并且为保障城市就业出台了一系列政策，限制企业招工和裁减职工，逐步形成了固定工制度，并且不断调高职工工资和福利水平。1952年职工人均工资为446元，到1957年已经为637元了，[102]并且职工的福利支出不断增加，劳动保险支出从1952年的1.6万亿①增长到1953年的4万亿，[101]以工人为主的城市居民收入远超农村收入，城乡居民收入差距逐步开始拉大。

2. 第二阶段：1957—1966年，城乡居民收入差距不断缩小

这一阶段的城乡居民收入差距呈现出不断缩小的特点，城乡居民收入比从1957年的3.23缩小为1966年的2.18，缩小幅度非常明显，影响城乡居民收入差距的制度变革主要是：

（1）从第一个五年计划开始实行重工业发展战略。新中国成立后，百废待兴，1953年国家制定了第一个五年计划，开始将工业化作为实现先进工业国目标的手段，而工业化的重点是重工业。重工业资本密集程度较高，国家将资本优先投向重工业，而重工业劳动吸纳

---

① 此处的万亿单位口径与现在并不一致。1955年进行了人民币币制改革，自1955年3月1日起发行新的人民币，新旧币的折合比率为新币1元等于旧币1万元。因此此处的万亿为旧币，相当于新币的亿。

第五章 中国城乡居民收入差距扩大的历史、现状和特征

能力较弱,仅为轻工业劳动吸纳能力的 1/3,推行重工业优先发展战略牺牲了大量的就业机会。并且从 1958 年起开始了盲目追求重工业高速度、高积累发展的"大跃进"运动,为了完成重工业中的钢、煤等产量指标,全民参与,人力物力财力都用于发展重工业,导致国民经济的综合平衡受到严重破坏,在 1960 年第二季度,主要工业产品除了煤、水泥、农药外,其余 17 种都没有完成计划。[103]这也直接导致城镇居民收入的下降。

(2) 户籍制度导致城乡隔离。为了优先解决城市失业问题,保持社会稳定,政府对农民进城采取了劝阻和限制措施,1958 年,国家颁布了《中华人民共和国户口登记条例》,成为限制城乡人口自由流动的法令,规定农民未经批准不得把农业户口转为非农业户口,确立了城乡隔离的户籍制度。这种制度一方面导致城乡居民收入差距无法通过劳动力的自由流动来缩小,另一方面导致农业存在大量的剩余劳动力,农业劳动效率过低,农村收入水平普遍较低。并且对城市中需要就业的居民实行统包统配,将城镇职工工资增长率长期控制在较低的水平,城镇居民人均收入 1957 年为 235 元,1964 年为 227 元,下降了 8 元,随后略有回升,到 1966 年为 238 元。

(3) 人民公社运动。1958 年,农村开始了人民公社运动,将农民私人养的猪、鸡、鸭、私人种的树等没收充公,致使农民生产积极性下降,工农业严重失调,农业产值在工农业产值中的比重由 43% 迅速降到 22%,以及三年自然灾害,粮食产量从 1958 年的 2000 亿公斤下降到 1960 年的 1435 亿公斤,再加上农业中的"大跃进",国家增加了公粮,男女成年劳动者大批非正常死亡。① 并且 1961 年的物价指数大幅上涨 16.3%,因此综合起来可以判断,这一时期的农村居民实际收入应该是下降的。

这一阶段的城乡居民收入差距尽管名义上出现了下降,但是城乡居民收入都在一定程度上出现下降,实际的城乡居民收入仍然存在较大差距,并没有实际地下降。

---

① 1960 年的人口死亡率从前一年的 14.59‰ 猛增至 25.43‰,人口自然增长率从前一年的 10.19‰ 猛降至 -4.57‰(数据来自国家统计局网站)。

· 73 ·

3. 第三阶段：1967—1978 年，城乡居民收入差距再次扩大

1966 年爆发了持续 10 年之久的"文化大革命"，"文化大革命"之前，在三年自然灾害之后的一段时间里，很多农村曾经自发出现了大包干现象，实行包产到户，这也促使经济出现好转，但是"文化大革命"将这种经济好转瞬间摧毁了。甚至有学者断言，"文化大革命"期间，一个有效的中央计划体制在中国已不复存在。尽管许多国营单位停工停产，但是由于许多工人纷纷造反，提出反对冻结工资奖金，[104]在经济分配中提出各种经济要求，职工工资开始不断上涨，这也促使长达十年的职工工资下降趋势被扭转。

"文化大革命"运动在农村也产生了较大影响，农业生产基本上处于半停滞的状态，农民收入增长缓慢。因此，这段时期城乡居民收入差距再次呈现出不断扩大的特征。

（二）改革开放之后城乡居民收入差距的演进过程

改革开放之后城乡居民收入比的变动存在着四个比较明显的节点，大体为 1984 年、1992 年、1997 年和 2002 年左右，因此可以将这段时期的制度变迁分为五个阶段 1978—1984 年、1984—1992 年、1992—1997 年、1997—2002 年、2002 年至今。这五个阶段的划分当然体现出节点上较为重大的改革。

1. 第一阶段：1978—1985 年，城乡居民收入差距缩小

城乡居民收入差距在这一时期表现为不断缩小的特征，原因在于所进行的一系列以农村为重心的改革。从改革开放开始的经济体制改革，促使农民收入大幅增长，增幅超过城市，从而使城乡居民收入差距不断缩小。其中，几个主要的改革包括如下几个方面。

（1）以农村家庭联产承包责任制为主的农村产权制度改革

1978 年，安徽凤阳小岗村率先实行分田到户的大包干，与党的十一届三中全会提出的"解放思想，实事求是"思路一致，得到党中央的肯定和支持，在农村试点并推广家庭联产承包责任制。这是一个重大的产权制度改革，尽管没有改变土地集体所有制度，没有将土地的所有权赋予农民，但是这一重大改革将土地使用权赋予农民，使

第五章 中国城乡居民收入差距扩大的历史、现状和特征

农民获得了超额经济剩余索取权,克服了人民公社制度下的"搭便车"行为,极大地调动了农民的积极性,并且降低了集体生产条件下的监管成本,提高了农业劳动生产率,农民收入得以大幅度提高,因此城乡居民收入差距迅速缩小。

(2) 包括农副产品价格大幅度提高和放松管制在内的市场化改革

改革开放后开始的市场化改革是从计划经济向市场经济体制转变,其中,价格是市场化改革的一个重要领域,将产品价格和生产要素价格形成机制逐渐转向市场,改革初始的重点是调整价格结构,改革的方式是调整与放开相结合,并以调整为主。

1979 年,国家大幅度提高了 18 类主要农副产品的收购价格,提高幅度平均达 24.8%,[105] 其中粮食、棉花超计划收购部分还加价50%,并且,这也促使农产品统购统销制度①出现松动。提价与"包干到户"都刺激了农产品的增产,直接增加了农民收入,缩小了城乡居民收入差距。

(3) 农村改革促使乡镇企业的异军突起

中共十一届三中全会提出的"解放思想,实事求是"精神同样鼓舞了这段时期农村改革中的亿万农民,极大地调动了农民投资和参与乡镇企业的积极性,乡镇企业高速发展,农村产业结构发生变革,农业不再是一家独大,乡镇企业经营收入和工资收入成为农民增收新途径,导致农民收入的大幅提高。1985 年,农民人均纯收入中来自乡镇企业工资的收入人均为 72.15 元,乡镇企业工资性收入占农民人均纯收入的比重由 1978 年的 8.2% 提高为 18.15%。[106]

2. 第二阶段:1985—1994 年,城乡居民收入差距拉大

从农村开始的改革取得显著成就,也坚定了国家继续改革的信心,1984 年党的十一届三中全会决定将经济体制改革重心从农村转向城市。

---

① 农产品统购统销最初是从粮食统购统销开始的。1953 年颁布《关于实行粮食的计划收购与计划供应的决议》,让农民把生产的粮食卖给国家,全社会所需要的粮食全由国家供应。这一政策取消了粮食自由市场,确立了国家对粮食市场流通与价格进行垄断经营和管理的基本政策。后来统购统销范围又扩大至棉花、食油等。

(1) 国有企业改革，增强了国有企业的活力

这一时期，国家依据农村承包经营模式下的改革思路，通过利改税、拨改贷等政策，理顺了国家和企业的分配关系，并且转换经营机制，对于国有企业实行利润留成、承包、租赁等经营模式，在大中型国有企业实行各种形式的承包责任制，而在小型国有企业采取资产经营、租赁经营等方式，扩大企业的经营管理自主权，赋予企业更多的占有权、支配权、经营权，使企业的责、利更紧密地结合起来，各种形式的放权让利式改革充分调动了各方面的积极性。而且拨改贷并没有切断国有企业的资金来源，国有银行仍然接受国家根据行政性信贷计划所下达的指令，向国有企业发放预算约束软化的贷款。同时，国有企业实行工资改革，企业职工工资奖金由企业根据经营状况自行决定，"工资总额同经济绩效挂钩、上下浮动"①，在企业内部依据责任制的生产指标完成情况发放工资，充分体现多劳多得、少劳少得的原则。这些改革一方面给经理人员和工人提供了激励机制和约束机制，促进了国有企业生产率的提高，扩大的工资差距激励了职工的劳动积极性；另一方面促使城市居民的整体收入水平大幅上升。

(2) 个体私营企业等非国有经济迅速发展，增加了城市居民的收入

解放思想促使农村改革的推进，同时也促使个体私营经济领域得到政策上的允许并鼓励。改革开放后，个体私营经济迅速得到恢复，尤其是乡镇企业。1987年，中共中央下发的《把农村改革引向深入》文件，提出"允许存在、加强管理、兴利除弊、逐步引导"十六字方针，进一步放开了对个体私营经济的束缚，坚定了发展信心。随后党的十三大承认了个体私营经济的分配方式，明确指出"企业经营者的收入中，包含部分风险补偿；私营企业雇佣一定数量劳动力，会给企业主带来部分非劳动收入"，并承认"这些收入只要是合法的，就应当允许"。这一政策的变革鼓舞了部分具有创业精神的城乡居民参与投资创业，不仅提高了

---

① 即工效挂钩，国家对大中型国有企业的工资实行分级管理，允许企业间、企业内部工作人员之间因为经济效益不同而存在工资差异。

农村居民的收入,而且为城市带来了大量就业岗位,为长期增长缓慢的城市居民收入带来了重大改观,促进城市居民收入的提高。

同时,个体私营经济的发展也得益于价格改革的深化,这一时期,在继续放开农副产品价格的基础上,放开了部分工业产品的价格,对钢铁、煤炭、木材、水泥等产品实行价格的"双轨制"[①],为城市非国有经济注入了活力和动力,使其得以迅速发展。城市经济体制改革步伐加快,改变了城市经济相对于农村改革的缓慢前进状态,城市居民收入显著提高,城乡居民收入差距迅速拉大。

表 5-2   农村居民收入增速

年份	1980	1981	1982	1983	1984	1985	1986	1987
农村居民收入增加幅度(元)	31.1	32.1	46.7	39.7	45.5	42.3	26.2	38.8
农村居民收入增速(%)	19.41	16.78	20.90	14.70	14.04	12.54	6.59	9.16

改革开放后,农村的发展潜力被迅速挖掘,农村居民收入增长迅速,如表5-2所示,1985年之前,农村居民增速在12%以上,但是从1986年开始增速在10%以下,农村发展陷入了瓶颈,在当时的生产条件下农业产出增速回落,"逆水行舟,不进则退",这也导致城市居民收入增速超过农村居民,城乡居民收入差距再次被拉大。

3. 第三阶段：1995—1998 年,城乡居民收入差距逐渐缩小

(1) 通货膨胀下采取的紧缩政策

1993年,居民消费价格指数上涨14.7%,1994年高达24.1%,爆发了较为严重的通货膨胀。一方面,农产品价格上涨提高了农民收入。1995年,农产品的平均价格上涨20%,粮食平均价格提高了29%,农民收入上涨9%,因而农业家庭经营性收入上涨,涨幅为11.2%。另一方面,通货膨胀引发了适度从紧的宏观调控政策。紧缩

---

① 1984年5月,国务院颁布了《关于进一步扩大国营工业企业自主权的暂行规定》,确定工业生产资料属于完成国家计划后的超产部分和企业自销部分,一般在不高于或低于国家定价的20%的幅度内,企业有权自行定价或由供需双方协商定价,并于1985年1月取消了20%的限定,这样,生产资料的价格存在"计划内"和"计划外"两种,被称作价格"双轨制"。

财政支出压缩了总需求，同时从紧的货币政策，控制货币供应和信贷规模，提高银行的存贷款利率。受影响冲击最大的是个体私营经济，这些因素共同导致个体私营经济在经过1992—1995年的超常发展后，从1995年开始增长幅度连年明显回落，市场竞争激烈，企业经济效益下滑，一部分管理落后、抗风险能力差的企业因此破产倒闭，企业主承受损失，也导致部分城镇职工失业，收入下降。

（2）劳动力流动制度改革引发民工潮

1994年出台的《加快培育和发展中国人才市场的意见》提出打破人才流动中所有制身份和干部身份的限制，通过户籍制度和住房制度改革消除人才流动障碍，健全社会化服务体系和社会保障制度，提出发展人才市场的总体目标是实现单位自主择人，个人自主择业，市场调节供求，社会保障健全，国家宏观调控。1993年9月，国务院召开会议研究户籍制度改革的问题，首先从小城镇开始进行户籍制度改革，之后逐步放开小城镇落户条件。从1958年开始实施的城乡隔离的户籍制度开始松动，户籍制度改革从此起步。户籍制度的松动，以及住房分配制度、医疗制度、就业制度等改革，都降低了农民向城市流动、定居和寻找工作的成本和限制，从而形成民工潮。城市福利体制改革使农村劳动力更易在城市居住下来，改变了城乡间劳动力不允许流动的规定，促成民工潮，使得农民通过流向城市而获得更高的工资性收入。

（3）国有企业改革导致的失业

表5-3　　　　　　　　　　国有企业职工人数

年份	1991	1992	1993	1994	1995	1996	1997	1998
人数（万人）	10664	10889	10920	10890	10955	10949	10766	8809

资料来源：各年《中国统计年鉴》中的数据。

大力推行的市场化改革，导致国有企业经济效益急剧下降，亏损面与亏损额急剧上升，职工工资也变成企业的重要负担。1994年颁布的《劳动法》开始对劳动用工制度进行改革，包括：全面实行劳动合同制；允许濒临破产和生产经营发生严重困难的用人单位按照法定程序裁减人员。这种改革也打破了国有企业职工的铁饭碗,如表5-3所示,国有企业职工人数一改此前的不断上涨趋势,在经过1994—1995年的反复之后,开始下降,并直接导致国有企业的隐性失业变成显性失业。受当时经济形势的影响,中国进入前所未有的结构调整时期,引发了大规模的结构性失业,1994年,国有企业失业人员达到180万,待岗人数300多万。而国有企业从原岗位上分离出来的与原单位保持劳动关系的富余职工在1994年底大约有1200万,占国有企业职工总数的12%。这也成为导致城市居民收入增长速度下降的重要原因。

这些改革以及扶持农业生产和农村发展的政策措施都在一定程度上使得农村居民收入增长速度超过城市居民收入,从而使得这一时期的城乡居民收入差距出现缩小的趋势。但是,这个趋势持续的时间很短,只有4—5年的时间,随着经济形势的转变,劳动制度逐步被适应后,城乡居民收入比又重拾涨势,城乡居民收入差距重新开始扩大。

4. 第四阶段:1998—2003年,城乡居民收入差距再次扩大

这一阶段,城乡居民收入差距重新开始扩大,最主要的表现是农村居民收入增长缓慢,受到改革影响的包括如下几个方面。

(1) 通货紧缩,调低农产品价格导致收入下降

表5-4 **居民消费价格指数和粮食数据**

年份	居民消费价格指数(%)	粮食产量(万吨)	粮食生产成本收益率(%)	粮食生产价格指数(%)
1996	8.3	50453.5	40.05	5.8
1997	2.8	49417.1	27.30	-9.8
1998	-0.8	51229.5	20.66	-3.3
1999	-1.4	50838.6	6.90	-12.9
2000	0.4	46217.5	-0.89	-9.8
2001	0.7	45263.7	11.25	9.8
2002	-0.8	45705.8	1.31	-4.2
2003	—	—	9.07	2.3

资料来源:《中国统计年鉴》相应各年数据;戴春芳、贺小斌、冷崇总:《改革开放以来我国粮食价格波动分析》,《价格月刊》2008年第6期。

前期的通货膨胀经过治理，实现了经济软着陆，但是经济很快又转入通货紧缩，从表5-4给出的居民消费价格指数中可以看出，从1996年的8.3%迅速地下降为1997年的2.8%，而1998年更是降为-0.8%，出现负增长，并且这种指数在1%以下的情况一直持续到2002年。通货紧缩不能排除受到了前期治理通货膨胀所采取的紧缩政策的影响。在这种通货紧缩的背景下，全国许多省市相应调低了粮食收购价格和保护价[①]，粮食生产价格指数不断走低。从表5-4中可以看出，这段时期，粮食生产价格指数除了2001年为正之外，均为负。粮食价格的调低直接导致农民的粮食生产收入下降，从表5-4粮食生产成本收益率中可以看出，粮食生产效益从1996年的40.05%不断下降，甚至在2000年降为负值，农民种粮亏损，并且粮食产量从1998年开始不断下降，这最终导致农民家庭经营性收入增长缓慢，家庭经营纯收入在1998—2000年三年间一直呈现负增长，落后于城市居民家庭收入的增长速度（如表5-7所示）。

（2）乡镇企业不景气影响农村居民工资性收入

能够为农村居民带来工资性收入的乡镇企业和个体私营经济也受到了通货紧缩以及东南亚金融危机的影响。从表5-5中可以看出，全国乡镇企业增加值尽管每年仍然不断增长，但是增长速度从1996年开始持续下降，1998—2002年一直维持着低位运行。乡镇企业的不景气也直接影响着农村居民的工资性收入，从表5-7中可以看出，农村居民工资性收入增长速度1996年为27.46%，之后同样开始出现持续下降态势，而且增速维持在10%左右，尽管仍然在增长，但是增长速度明显受到影响，这是导致农村居民收入增长速度落后于城市的重要原因。

[①] 例如，1998年，黑龙江省将小麦每百公斤标准品价格（三等）由146元调整为139元，下调7元。1999年，各省又继续调整收购政策，将定购价和收购保护价并轨，执行保护价，这实际上降低了粮食收购价格。据不完全监测统计，1999年，主产区小麦定购价每百公斤平均下调19元左右。

表 5－5　　　　　　　　全国乡镇企业增加值表

年份	1996	1997	1998	1999	2000	2001	2002
乡镇企业增加值（亿元）	17659.3	20740.32	22186.46	24882.56	27156.23	29356.39	32385.8
增加值增长速度（%）	20.99	17.45	6.97	12.15	9.14	8.10	10.32

资料来源：《中国统计年鉴》（2003）。

（3）国企下岗增加城市福利补贴

国企改革在取得巨大进展的同时，也出现大量下岗职工。1997年9月，中共十五大报告指出：随着企业改革深化、技术进步和经济结构调整，人员流动和职工下岗是难以避免的。时任总理朱镕基在一次会议上强调：要靠减员增效、下岗分流、规范破产、鼓励兼并来推动国有企业机制的转换。国企减员增效，职工下岗分流在1997年全面展开，从表5－3中可以看出，国有企业职工人数在1997年为10766万人，1998年锐减至8809万人。为保障下岗职工的生活，国家出台了一系列政策，包括建立下岗职工基本生活保障制度并通过颁布《失业保险条例》和《城市居民最低生活保障条例》等，进一步完善对下岗职工的生活保障，企业下岗职工基本生活保障、失业保险金和最低生活保障三方面为下岗职工提供了有力保障，也使城市居民收入整体人均水平没有出现下降态势。从表5－6中可以看出，城市居民的转移性收入占比不断上升，1995年不到17%，到2002年这一数字上升为24.5%，而同期农村居民收入中转移性收入占比只是在6%—7%之间，远不及城市。

表 5－6　　　　　　　　城乡转移性收入对比表

年份	1990	1995	1998	1999	2000	2001	2002
城市居民可支配收入（元）	1516.21	4279.02	5425.05	5854.02	6295.91	6868.88	8177.4
城市居民转移性收入（元）	328.41	725.76	1083.04	1257.17	1440.78	1630.36	2003.16
转移性收入比重（%）	21.66	16.96	19.96	21.48	22.88	23.74	24.50
农村居民可支配收入（元）	—	—	2162.00	2210.34	2253.4	2366.4	2475.6
农村居民转移性收入（元）	—	—	122.00	131.72	147.59	162.82	177.21
转移性收入比重（%）	—	—	5.64	5.96	6.55	6.88	7.16

资料来源：《中国统计年鉴》（2003）。

表 5-7　　　　　　　　　农村居民纯收入及来源

年份	1996	1997	1998	1999	2000	2001	2002
农村居民纯收入（元）	1926.07	2090.13	2162.00	2210.34	2253.4	2366.4	2475.6
工资性收入（元）	450.84	514.55	574.00	630.26	702.3	771.9	840.22
工资性收入增长率（%）	27.46	14.13	11.55	9.80	11.43	9.91	8.85
家庭经营纯收入（元）	1362.45	1472.72	1466.00	1448.36	1427.27	1459.63	1486.54
家庭经营纯收入增长率（%）	21.02	8.09	-0.46	-1.20	-1.46	2.27	1.84
转移及财产性收入（元）	112.78	102.86	122.00	131.72	147.59	162.82	177.21
转移及财产性收入增长率（%）	14.79	-8.80	19.00	7.61	12.05	10.32	8.84

资料来源：《中国统计年鉴》（2003）。

5. 第五阶段：2003 年至今，城乡居民收入差距高位运行

这一阶段，城乡居民收入差距没有像上一阶段那样继续快速扩大，也没有出现逆转，而是转为较为平稳的高位运行。

这一阶段，"三农"问题逐步被中央高层所重视，2003 年 2 月 8 日的《人民日报》用整版篇幅，刊登了温家宝总理的文章《为推进农村小康建设而奋斗》。[108] 而这篇文章是其 1 月 7 日在中央农村工作会议上的讲话，充分体现出"三农"问题在新一届政府整个施政战略中的重要地位。之后，针对"三农"问题出台了一系列促进农民持续增收的政策措施。制度政策更多地偏重于农村居民增收，使得农村居民收入增速逐步赶上城市居民收入增速。

（1）推行农村税费改革

2003 年 3 月，在原有的于 2000 年首先在安徽进行的农村税费改革试点的基础上，发出《国务院关于全面推进农村税费改革试点工作的意见》的文件。2004 年，全面取消除烟叶以外的农业特产税，并试点对部分地区免除农业税，其他地区农业税税率降低 1—3 个百分点。2005 年 12 月 29 日，全国人大常委会决定取消农业税，农业税条例自 2006 年 1 月 1 日起废止。这些改革直接减轻了农村居民负担，使得农村居民家庭经营性收入恢复增长。

(2) 改革农业补贴方式

对农业、农民进行直接补贴是世界各国通行的做法。在发达国家，政府的直接补贴是农民收入的重要来源之一。中国以前对农业主要补在流通环节上，补在价格上，补贴发放的中间环节流失多，[①]农民得到的少。2004年，国家建立了种粮农民直接补贴机制，国家通过改革将原来在粮食风险基金中安排的补给粮食流通环节的钱，直接补到农民手里，也就是把原来的暗补变成明补。并且，从2006年起，国家开始实施农资综合直接补贴政策，以减轻化肥、农药、柴油等农业生产资料涨价对种粮农民的影响。这些直接补贴避免了以往各级部门的层层克扣，直接增加了农村居民的转移性收入。

(3) 推行新农村建设目标

2005年，国家提出了"建设社会主义新农村"的目标，其核心内容是发展农业和建设农村。增加了政府对农业和农村投入来改善基础设施，农村节水灌溉、人畜饮水、种子种畜和乡村道路建设都得到改善，提高了农业生产条件，为农村居民增收提供了保证；2003年，国务院下发《关于建立新型农村合作医疗制度的意见》，在农村地区试点和推行新型农村合作医疗制度，减轻了农民因疾病所带来的经济负担；2006年开始全部免除西部地区农村义务教育阶段学生的学习杂费，2007年扩大到中部和东部地区，既提高了农村人口的受教育水平，又减轻了农村居民的经济负担。

这些政策都对农村居民增收产生了直接的影响，促使农村居民的收入增长速度逐步接近城市居民（如表5-8所示），城乡居民之间的收入增速差距从前一阶段的5%左右，回落到1%左右，甚至在2004年、2008年等年份，农村居民的收入增速超过了城市，使得城乡居民收入差距没有继续拉大。

---

① 中国价格补贴的效率仅为14%，即国家补贴100元，农民只能得到14元，而发达国家为25%。有些地方甚至更少，安徽省财政以前每年要拿出40亿元补贴粮食，但只有4亿元能进入农民的口袋。参见林天义《我国农产品价格补贴支出政策评析》，《农业经济》2010年第5期。

表 5-8　　　　　　　　城乡居民家庭人均可支配收入

年份	城镇居民家庭人均可支配收入 绝对数（元）	增长速度（%）	农村居民家庭人均纯收入 绝对数（元）	增长速度（%）	城乡居民收入比
1978	343.4	—	133.6	—	2.57
1979	387.0	12.7	160.2	19.9	2.42
1980	477.6	23.4	191.3	19.4	2.50
1981	491.9	3.0	223.4	16.8	2.20
1982	526.6	7.1	270.1	20.9	1.95
1983	564.0	7.1	309.8	14.7	1.82
1984	651.2	15.5	355.3	14.7	1.83
1985	739.1	13.5	397.6	11.9	1.86
1986	899.6	21.7	423.8	6.6	2.12
1987	1002.2	11.4	462.6	9.2	2.17
1988	1181.4	17.9	544.9	17.8	2.17
1989	1375.7	16.4	601.5	10.4	2.29
1990	1510.2	9.8	686.3	14.1	2.20
1991	1700.6	12.6	708.6	3.2	2.40
1992	2026.6	19.2	784.0	10.6	2.58
1993	2577.4	27.2	921.6	17.6	2.80
1994	3496.2	35.6	1221.0	32.5	2.86
1995	4283.0	22.5	1577.7	29.2	2.71
1996	4838.9	13.0	1926.1	22.1	2.51
1997	5160.3	6.6	2090.1	8.5	2.47
1998	5425.1	5.1	2162.0	3.4	2.51
1999	5854.0	7.9	2210.3	2.2	2.65
2000	6280.0	7.3	2253.4	1.9	2.79
2001	6859.6	9.2	2366.4	5.0	2.90
2002	7702.8	12.3	2475.6	4.6	3.11
2003	8472.2	10.0	2622.2	5.9	3.23
2004	9421.6	11.2	2936.4	12.0	3.21
2005	10493.0	11.4	3254.9	10.8	3.22
2006	11759.5	12.1	3587.0	10.2	3.28
2007	13785.8	17.2	4140.4	15.4	3.33
2008	15780.8	14.5	4760.6	15.0	3.31
2009	17174.7	8.8	5153.2	8.2	3.33
2010	19109.4	11.3	5919.0	14.9	3.23
2011	21809.8	14.1	6977.3	17.9	3.13

资料来源：《中国统计年鉴》（2012）。

二 基于国际比较的中国转型期城乡居民收入差距特征分析

高速增长的中国经济也存在着不和谐现象：城乡居民收入差距过大。反映城乡居民收入差距的中国城乡居民人均可支配收入比从1983年的1.82倍扩大为2011年的3.13倍，而这段时间正是中国的一个重要转型期，对于城乡居民收入差距的认识必须重视这一背景。

社会转型是指人类社会由一种存在类型向另一种存在类型的转变，意味着社会系统内在结构的变迁，意味着人们的生活方式、生产方式、心理结构、价值观念等各方面全面而深刻的革命性变革。经济转型是社会转型过程中的一个重要表现，依赖于社会转型，经济体制和经济结构发生了转变，经济飞速增长，从而实现了经济的转型。通常而言，中国经济转型从1978年开始，最主要是从计划经济体制向市场经济体制转型，这种转换促使中国不断追赶世界工业化进程，也取得了巨大的成就，"从贫穷到逐步富裕，从农村到城市，从计划经济到市场经济，从公有制到以公有制为主导的混合所有制，从孤立到融入全球经济"。[109]尽管中国已经基本转型为市场经济国家，但是当前市场需求降温、产能普遍过剩和要素成本提高，因此仍然需要继续推进企业转型、产业结构调整和发展方式转变，中国经济转型期仍然在继续。

在转型期，包括城乡居民收入差距在内的中国居民收入差距的变化和趋势都具有明显的特征，一般来说，城乡居民收入差距在进入转型期后扩大趋势十分明显。[110]彭真善（2007）对转型期中国城乡居民收入差距进行了全面的分析研究，认为中国转型期城乡居民收入差距的特征包括四个方面：城乡居民收入差距呈扩大趋势，变化具有阶段性特征；城乡居民收入差距偏大；城乡消费差距不断扩大；城镇居民收入增长率明显大于农村居民收入增长率。[111]经济转型导致城乡居民收入差距扩大的原因是多方面的，张建辉、靳涛（2011）认为，中国的经济转型基本上是从所有制结构、市场化进程、对外开放以及地方政府行为模式四个方面展开的，这四方面的改革和转型导致城乡居民收入差距。[112]而 Lu 和 Chen（2006）则认为，跨省迁移、经济开放、政府参与经济活动正在不断扩大城乡差距。并且还发现，政府支出结构对城乡不平等有着显著的影响，而城市化则显著缩小了城乡差距。[113]尽管我们对城乡居民收入差距问题的考察应该侧重于中国的实际，但还是应该参考国际经验，而国际经验的参考不仅应从做了些什么出发，而且应该分析这些措施的背景是否一致。上述研究均忽略了国际经验。

一些研究从历史发展阶段探讨城乡居民收入差距。张红宇（2004）认为，城乡居民收入差距是世界各国工业化过程中长期存在的。原因在于生产力发展水平，在工业化的一定阶段里，工业生产力水平高，而农业生产力水平低，从而导致不同产业部门的就业者收入水平差距。[114]曾国安（2007）同样认为，城乡居民收入差距扩大是工业化过程中的阶段特点，他又进一步分析了刘易斯的二元经济理论不能够解释劳动力转移并没有缩小城乡居民收入差距的原因。[46]尽管劳动力能够转移，但是工业化过程中的自然因素和制度因素的存在，导致仍然存在城乡居民收入差距。这种从历史发展阶段进行分析的方法值得借鉴，也成为国际比较的主要领域。

本部分试图通过考虑中国转型期这一背景，参考一些发达国家的历史发展过程，探讨中国转型期城乡居民收入差距的特征，深入认识中国城乡居民的收入差距问题。

（一）国际比较：发达国家转型过程中的城乡居民收入差距

中国的城乡居民收入差距在转型期所呈现出来的变化特征在其他国家是否具有相似之处，既可以作为城乡居民收入差距变化的实践验证，也可以作为能否借鉴采纳其他国家经验的关键。因此，需要对一些国家类似时期的城乡居民收入差距变化趋势进行分析。在此主要考察美国和日本两个国家的情况。

第五章　中国城乡居民收入差距扩大的历史、现状和特征

1. 美国转型期城乡居民收入差距变化

表 5-9　美国非农业和农业劳动力人均收入及城乡居民收入差距

年份	非农业劳动力人均收入（美元）	农业劳动力人均收入（美元）	城乡居民收入比
1840	437	173	2.53
1880	572	252	2.27
1900	622	260	2.39
1929	2195	806	2.72
1945	3759	1772	2.12
1960	6592	3096	2.13
1970	10546	7190	1.47
1983	26588	18002	1.48

资料来源：陈奕平：《农业人口外迁与美国的城市化》，《美国研究》1990年第3期。

美国转型期主要表现为经济转型，而经济转型的特点就是通过政策引导，促使经济结构的转型，而这个转型是美国工业化过程中最主要的特征，表现为工业产值占工农业总产值的比重逐步超过农业产值比重的产业结构升级。一般认为，美国的工业化在1920年左右完成。表5-9是依据美国非农业和农业劳动力人均收入计算得出的城乡居民收入差距。可以看出，在1840—1929年美国工业化期间，城乡居民收入差距一直处于高位运行，这期间尽管有所波动，但是均高于1929年之后。在这段时期之内，1840—1880年呈现出下降的趋势，1880—1929年呈现出上升的趋势，尤其是工业化后期即1900—1929年，城乡居民收入差距增速明显加快。在工业化实现之后，城乡居民收入差距逐步下降，1970—1983年基本稳定在1.5左右。1995—2001年，以中位数收入衡量的美国城乡家庭收入差距比一直处于1.28—1.33之间，而2006年农场家庭收入为全国家庭收入的1.17倍，"农村居民家庭收入应该是超过城市居民家庭收入的"。[115]

首先，城乡居民收入差距的变动与产业结构升级匹配。城乡居民收入差距高位运行正是美国从农业国向工业国转型的时期，工农业产

值之比在 1850 年为 39∶61，1900 年则变为 73∶27。尽管这段时期单从农业来看，农业产出增长迅速，1860—1920 年，玉米增长了约 2.9 倍，稻米增长了约 12.6 倍，羊毛增长了约 2.8 倍。但是工农业产值结构的变化也表明了工业的增速远超过农业，因此，在这个过程中美国的城乡居民收入差距不断扩大，到 1929 年，美国城乡居民收入差距已经达到最大值 2.72。而 1880—1929 年呈现上升趋势的时期正是工业内部结构从轻工业向重工业转型的重要时期，轻重工业的比例在 1880 年为 2.8∶1，1890 年为 1.6∶1，1900 年为 1.4∶1，重工业发展迅速。重工业需要高投入也会高产出，因此，这一阶段工人收入增速迅速，城乡居民收入差距不断扩大。

其次，美国在此经济转型时期里一个重要的特征就是城市化的迅速发展。受到工业飞速发展以及较高收入的吸引，美国的城市化进程突飞猛进，1790 年城市化率为 5%，1820 年城市化率为 7.2% 左右，1860 年城市化率为 19.8%，1920 年城市化率为 51.2%，此时，城市人口已经超过了农村人口。城市化与工业化的协调发展，一方面为工业的发展提供了劳动力保障，另一方面规模扩大所形成的集聚优势促使城市收入增加，这都造成城乡居民收入差距逐步拉大，而城乡居民收入差距的扩大进一步巩固了城市对劳动力的吸引，保障了城市化的推进。

最后，改革政策成为影响城乡居民收入差距变化的重要因素。这个时期也伴随着政府各项政策的不断颁布和一些意外事件的发生。例如南北战争和鼓励移民的宅地法案。

南北战争以后，美国农产品产量增长迅速，1862 年的"宅地法案"[①] 吸引了大量劳动力向西部农场转移，开发出更多的土地，对农业机械的需求增加，在一定程度上促进了农业机械产业等重工业的发展，同时也带来了农业产出的增加。但是，战争导致运输能力下降，

---

① 宅地法（Homestead Act），是 1862 年美国联邦政府颁布的专门针对农业发展，旨在无偿分配美国西部国有土地给广大移民的法案，规定年满 21 岁的公民缴纳 10 美元，均可登记领取总数不超过 160 英亩的宅地，登记人在宅地上居住并耕种满 5 年，就可获得土地执照而成为该宅地的所有者。

不同地区之间的农产品流通受阻,物价飞涨,1865年的物价为1860年的2.17倍,[117]农产品难以销售,从而导致农民受损,促使城乡居民收入差距拉大。从工业化后期开始,政府通过出台一系列增加农业基础设施投入的法律政策,实现工业反哺农业,美国国会1912年就开始拨款资助农村邮路建设,1916年通过《联邦高速公路法》,1936年通过《农村电气化法》,1994年包含农村互联网接入的信息援助项目,由于美国政府持续增加对农业基础设施建设的投入力度,从而有力地推动了农民增收、农业发达、农村繁荣,[118]也促使了1929年之后城乡居民收入差距的不断缩小。

2. 日本转型期的城乡居民收入差距变化

日本转型期仍然贯穿着日本的工业化,而日本的工业化一般认为是从明治维新后开始的,包括三个阶段:1885年至一战、一战至二战、二战至20世纪80年代中期,而20世纪80年代中期至今为后工业化时期。这段时期的城乡居民收入差距的数据见表5-10。从整体上看,日本的城乡居民收入差距的变化趋势呈现出两个阶段。先是1885年至1930年,达到最大值3.13,之后进入下降阶段。日本的城乡居民收入差距在转型期表现出来的特征也可以从三个方面来进行分析。

表5-10　　　　　　日本的城乡居民收入差距

时间	1885	1900	1910	1930	20世纪50年代	1961	1969	1972	20世纪70年代中期以来
城乡居民收入比	1.32	1.92	2.13	3.13	1.4倍以上	1.44	1.07	0.97	0.86—0.97

资料来源:曾国安、胡晶晶:《城乡居民收入差距的国际比较》,《山东社会科学》2008年第10期。

(1) 日本城乡居民收入差距与工业化进程存在很大的匹配性

日本三次产业结构的比例变化演变过程如表5-11所示。这个过程反映出日本从农业国向工业国的转变,尤其是第一二产业的比例更加明显,1888年,农业产值是工业的3.40倍,工业化过程促使农业与工业之比不断下降,到1920年变为0.77,1938年变为0.31。在这个过程中,城乡居民收入差距正在迅速拉大,从1885年的1.32变为1930年的3.13。可以看出,正是工业化初期阶段工业的快速发展,促使城市工人收入的增速高于农民收入,从而导致城乡居民收入差距的快速扩大。而20世纪30—50年代日本受战争的影响,属于工业化畸形发展阶段,尽管工业比重不断上升,但只是以重化工业为主的军需工业的超常发展,这都没有对城乡居民收入差距产生太大影响。从1956年开始,日本进入经济高速增长阶段,到80年代工业化基本实现。在工业化后期阶段,城乡居民收入差距并没有延续前期的增势,而是不断下降,甚至农民收入已经超过了城市居民收入,工业化带动了农业技术等生产效率的提升,从而促进农民收入的提高。

表5-11　　　　　　日本三次产业结构的比例变化

时间	1888	1920	1938	1955	80年代中期
三次产业结构比例	41.5:12.2:46.3	24.7:32.1:43.2	15.9:51.8:32.3	16.7:37.0:50.4	3.6:45.7:50.7
第一二产业结构比值	3.40	0.77	0.31	0.45	0.08

资料来源:侯力、秦熠群:《日本工业化的特点及启示》,《现代日本经济》2005年第4期。

(2) 日本城市化与城乡居民收入差距存在协同性

付恒杰(2003)对日本的城市化过程进行了概括,日本城市化从1889年设立市制①开始到1930年为一个阶段,这段时期,城市化发展缓慢,1920年的城市化率为18%,从1930年开始进入起飞阶段,1940年城市化率为35%。由于战争,1950年的城市化率为37%。之后,进入快速发展阶段,1977年达到76%。[120] 而城乡居民收入差距的变动趋势在城市化的演变过程中存在协同性。从工业化开

---

① 市制是指国家通过立法和行政手段在城市地区建立行政区划建制,进行城市管理的制度。

第五章 中国城乡居民收入差距扩大的历史、现状和特征

始到1930年左右是城乡居民收入差距迅速拉大的阶段,而这一阶段城市化发展缓慢;1930年进入城市化起飞阶段,而城乡居民收入差距却高位运行,直到50年代后重新进入城市化快速发展阶段之后,城乡居民收入差距不断缩小。可以看出,在工业化初期,日本的城市化和工业化并不协调,这也成为导致城乡居民收入差距扩大的重要原因,工业化导致城市劳动力短缺,而城市化率不高则反映出农村剩余劳动力没有发生有效转移,导致城市劳动力需求短缺,城市劳动力的短缺和农村劳动力的剩余加剧了城乡居民的收入差距。工业化后期的1977年,其城市化率达到76%,第二三产业接纳了大量从第一产业转移而来的劳动力,保证了城市化与工业化的协调发展,也成为控制和缩小城乡居民收入差距的重要手段。

(3) 日本政策改革的影响

工业化初期,日本工业发展的原始积累除了战争赔款外,一个重要策略就是牺牲农业,征收的农业基本税最高为91%,农民承担了很重的税负,限制了农民收入的增加。显然,这样的策略是造成城乡居民收入差距不断拉大的政策原因。工业化的初步实现,也暴露出农业发展缓慢问题,为了促进农业发展中资金不足问题的解决,30年代就建立了补助金农政,将推行农业政策的经费列入财政预算,其中无法回收的项目靠无偿的财政投入,能够回收的靠政策性金融支持。

而战后的城乡居民收入差距能够得到有效解决同样有赖于政府的政策,曾经在50年代、60年代和70年代三次推行新农村建设,[118]制定出一系列政策的目标就是解决城乡居民收入差距。日本农水省1967年制定的"结构政策的基本方针"所确定的农业政策的基本目标之一就是实现农业从业人员获得与其他产业从业人员相等或接近的收入水准,使之能够享受到比较富裕的生活。[121]

通过对美、日国家在转型过程中城乡居民收入差距的分析,它们的工业化过程大体都经历了100年左右的时间,但是起止时间并不一致,两国在不同的历史背景条件下其工业的进程却表现出一些相通性,主要体现在三个方面:(1)城乡居民收入差距与工业化进程存在明显的匹配性。城乡居民收入差距的变迁表现为三个阶段:上升

期、高位运行期、下降期。而这三个阶段与工业化阶段存在一定的协调性：工业化初期，差距拉大；工业化中期，高位运行；工业化后期，逐步缩小。（2）城乡居民收入差距与城市化存在协同性：城市化发展缓慢则差距拉大，城市化发展快速则差距缩小。（3）城乡居民收入差距受政府政策的影响显著。

（二）中国转型期城乡居民收入差距的特征

中国的转型期自改革开放开始，一直处于不断改革、不断转型的过程之中。最初，从计划经济到市场经济的转型，随后，在市场经济体制下进行产业结构转型，从以第一产业为主导向以第二产业为主导转变，从以第二产业为主导向以第三产业为主导转变；从乡村社会向城市社会转型，等等。在这个不间断的转型过程中能够观察出两个现象：一是效率优先。打破大锅饭，实行效率优先的市场经济是中国最大的转型，正是由于追求效率的市场引领才能够实现中国当前的经济结构、产业结构和社会结构的转型升级。二是摸着石头过河，改革频繁。"摸着石头过河"是中国改革实践的重要指导思想，中国在转型过程中没有现成经验的指导，只能在实践中不断探索，改革的对与错需要实践的检验，因此，在这段时期，政治、经济等改革频繁。中国的城乡居民收入差距不断拉大也是在这个追求效率的改革探索中所呈现出的一些与转型相关的特征，这些特征与日、美等国存在很大的相似性。

1. 城乡居民收入差距表现出工业化过程中的阶段性

改革开放后的经济转型过程处于中国工业化的中期阶段。新中国成立以来，中国重新开始实施工业化战略，1949年工农业产值之比为30∶70，农业产值是工业产值的2.33倍，1956年工业产值首次超过农业，工农业产值之比为48.7∶51.3，1970年为66.3∶33.7，1978年为72.2∶27.8，工业化战略初见成效，其中，轻重工业之比也从1949年的73.6∶26.4发展为1978年的43.1∶56.9，初步实现了从农业国向工业国的转变。改革开放之后，工业化过程继续升级，三次产业结构的变化如表5-12所示。新中国成立以来的工业化进程可以改革开放为分界点分为两个阶段。但是，按照工业化完成的进度划分，则可以分为工业化初期、工业化中期和工业化后期，对中国当前所处的阶段，很多学者都进行过研究讨论，胡长顺（2003）、张美云（2012）经过综合论证认为中国当前处于工业化的中期阶段。[122][123]

表 5 – 12　　　　改革开放后中国三次产业结构的变化

年份	1978	1985	1995	2005	2011
三次产业结构比例	28.2∶47.9∶23.9	28.4∶42.9∶28.7	20.0∶47.2∶32.9	12.1∶47.4∶40.5	10.0∶46.6∶43.4
第一二产业结构比值	0.59	0.66	0.42	0.30	0.21

资料来源：根据《中国统计年鉴》（2012）中的数据计算得出。

通过日、美等国城乡居民收入差距变动的历程来看，在工业化初期，城乡居民收入差距迅速拉大，中期呈现出高位运行的特征，到工业化后期，差距才会逐步缩小。但是，中国的城乡居民收入差距的变动从图 1 – 1 中能够看出，在改革开放之后出现了一段短暂的缩小期，之后便呈现出一个波动上升的时期，2000 年之后进入高位运行时期。这个变动历程大体上与日美国家接近，整体上符合工业化进程的阶段特性。但是，城乡居民收入差距的阶段变动存在一定的滞后性，姜爱林（2003）概括了产业结构的判断标准：当第一产业的比重低到 20% 以下、第二产业的比重高于第三产业，工业化进入了中期阶段；当第一产业的比重低到 10% 左右、第二产业的比重上升到最高水平时，工业化则到了后期阶段。[124] 据此判断，中国在 1995 年就已经进入中期阶段，2011 年应该进入后期阶段，但是城乡居民收入差距于 2003 年左右才进入高位运行阶段，存在明显滞后现象。

2. 城市化进程缓慢影响、制约着缩小城乡居民收入差距的步伐

新中国的城市化发展历程从建国开始，牛文元（2012）将其划分为六个阶段，包括 1949—1957 年城市化起步发展阶段、1958—1965 年城市化曲折发展阶段、1966—1978 年城市化停滞发展阶段、

1979—1984年城市化恢复发展阶段、1985—1991年城市化稳步发展阶段、1992年至今城市化快速发展。[125]事实上，改革开放之前的城市化可以概括为缓慢发展甚至停滞，城市化率在1949年为10.6%，1959年为18.4%，直到1978年还是17.9%，发展缓慢，1978年城乡居民收入比为2.57，城乡居民收入差距已经十分明显。可以看出，这段时期中国的城乡居民收入差距变动历程与美、日等国相似：城市化发展缓慢，城乡居民收入差距扩大。

通过对比美日城市化和工业化的进程能够看出差异，1920年左右美国完成工业化时的城市化率为51.2%，而日本1980年左右完成工业化时的城市化率为76%，这种巨大的差异也能够作为美国的城乡居民收入差异在实现工业化后才逐步缩小，而日本在工业化后期就已经开始缩小，工业化完成时城乡居民收入差距几乎消失的原因。

从1978年的17.9%开始到2011年中国城市化率达到51.3%，用了33年左右时间，而美国城市化率从1860年的19.8%到1920年的51.2%用了60年时间，日本城市化率从1920年的18%，经过30年后，到1950年才达到37%，可以看出，改革开放后中国的城市化进程要快于城市化进程同阶段的日、美，但是通过美、日的城市化与城乡居民收入差距的发展经验可以确定，这样的城市化率仍然不够，美国城乡居民收入差距的下降时期是在1920年城市化率达到51.2%之后，日本的城乡居民收入差距的缩小时期是在1955—1977年左右，城市化率从37%增长为76%。因此，我们可以这样认为，城乡居民收入差距受到城市化进程的拖累，是城乡居民收入差距没有进入缩小期的部分原因。这也可以解释为什么城乡居民收入差距的变动滞后于工业化进程。

3. 城乡居民收入差距的波动与改革政策密切相关

中国的改革被更多的制度经济学家所关注，因为制度经济学无法进行实验验证，而中国的改革是最好的实验，通过对一些制度规则的改革，改变了人们的行动场域，从而实现经济的增长。每一次变革过程，都能够在城乡居民收入差距上体现出来。

首先，新中国成立后实行重工业优先发展战略，在发展资金基础十分薄弱的情况下，实施了牺牲农业的战略，通过工农业产品价格的"剪刀差"和农业税将农业收入转移给工业，形成原始积累。中国农民从1950年到1996年间为工业化和城市发展所提供的资本积累总额达2万多亿元，约占中国全社会资本存量的2/3。这样的战略造成了城乡居民收入差距在一开始就被拉大，1957—1977年，城乡居民收入比始终保持在2—3之间。

其次，改革开放以来，在农村实行的家庭联产承包责任制将农民的积极性调动起来，农民收入增长迅速而城市居民收入增速落后于农民，结果是城乡居民收入差距在1978—1985年间缩小，这也成为重要的政策原因。但是，1985年中国经济体制改革的重心转向城市，改革了企业收入分配制度，又将职工的工作积极性调动起来，城市居民的收入增速又超过了农民，城乡居民收入差距又进入了扩大期。1997年，党的十五大首次提出按生产要素分配的分配方式，进一步解放了思想，拥有更多积累的城市居民的收入增加，再次拉大了与农民的收入差距。

几乎任何一次城乡居民收入差距波动的节点都必然存在一次重要的改革，反映出中国城乡居民收入差距的变动与改革政策密切关联的特征。

（三）结论

城乡居民收入差距问题的解决需要对城乡居民收入差距有全面系统的了解，在中国经济转型背景下，城乡居民收入差距表现出三个特征，这三个特征分别与工业化阶段、城市化进程存在一定的相关性，并且表现出与政府政策的密切关联性。工业化、城市化和政府改革都是经济转型社会的外在表现，在这些表现形式下所作的特征分析，能够反映出经济转型社会的背景，能够呈现出城乡居民收入差距的变动规律，为设计解决方案提供更加可行的分析依据。

第六章

城乡居民收入差距扩大的
制度影响机制[①]

"不患寡，而患不均"，城乡居民收入差距不断扩大，成为重要的社会问题，引起了众多学者的关注和研究，众多关于城乡居民收入差距原因的研究，则是仁者见仁、智者见智，提出了许多不同的见解，这在文献综述部分已经进行过详细介绍，有些学者经过研究，将城乡居民收入差距的原因归结为生产要素，尤其是归结为劳动这一要素。也有一些学者认为，是教育不公平导致了城乡居民收入差距。还有一些学者提出了社会等级、社会保障制度等原因。

但是，为什么有如此多的原因？究竟哪个原因是对的？以往研究并没有对这两个问题做出很好的解释，而且没有将这些原因进行深化，找出最根本的原因。因此，本部分将从制度演化角度分析制度对城乡居民收入差距的影响机制，首先解决为什么有如此多原因的问题，其次在以往研究的基础之上分析部分原因，并分析这些表面原因背后的真正原因，通过实证来验证这一真正原因下诸多表面原因对城乡居民收入差距所产生的共同影响，以求解释城乡居民收入差距的制度影响机制。

---

① 本部分经过整理后已刊载于《贵州社会科学》2013年第11期，题目为"基于制度演化思想的城乡收入差距原因分析"。

第六章　城乡居民收入差距扩大的制度影响机制

一　制度影响机制分析

(一) 多因素共同影响

任何事物的发展和演化都受到诸多因素的影响，因而必然会存在众多的原因，当然，诸多原因中有一些影响作用大，有一些影响作用小。所以城乡居民收入差距的原因有很多是必然的，不存在哪个对哪个错的问题，只有哪个或者哪几个发挥作用大的问题。从哲学上来讲，"构成原因的诸因素并不是孤立地起作用的，而是通过各因素之间的相互作用共同地起着作用"[126]。恩格斯曾在《自然辩证法》中提出："自然科学证实了黑格尔曾经说过的话（在什么地方?）①：相互作用是事物的真正的终极原因。"[127] 相互作用的存在使我们不能仅仅从某一个方面进行原因分析，这样的分析不会真正反映出众多原因的相互作用以及对最终结果所产生的共同影响。

从经济学上来看，经济学中对经济规律的发现，普遍采用的方法是抽象演绎法，即假设其他情况不变，只抽象出其中两个因素的关系作为经济规律。这也是假设对经济学的重要意义之所在。对于普遍规律的抽象可以采用这一方法，但是对具体现象或者是具体社会问题的深入研究则应重新思考：将其他因素的忽略是否掩盖了结果的其他影响因素。例如，对于城乡居民收入差距原因的一些研究中，探讨了劳动力转移对城乡居民收入差距的影响，这些研究只考虑劳动这一要素，这就隐含了其他因素都相同的假定，例如教育水平相同，劳动者素质相同，等等，而实际上这些因素同样起到了重要的影响作用，忽略这些因素，就会掩盖对差距问题的原因发现。

众多因素与结果之间是一个演化的过程。正如段文斌、陈国富等（2003）认为的，任何的制度变迁和经济发展都是一个路径依赖的演进过程。[128] 这种采用历史演化方法的演化思想在很多著作中体现出

---

① 此处括号在引文的原文中即如此。

来。"在亚当·斯密和马尔萨斯的著作中都蕴含着这样的思想——人类社会是演化的。"[129]达尔文受这样的思想的启发才提出生命演化的进化论。凡勃伦、马歇尔（Alfred Marshall）、熊彼特（Joseph Schumpeter）都在其著作中用到演化的观点。[129]马歇尔曾说："经济学家的目标应当在于经济生物学①，而不是经济力学"[130]。经济生物学就是采纳达尔文的演化思想所提出来的，并且在其《经济学原理》的第四篇第八章中有着明显的应用。新制度学派采用了演化思想，认为众多因素都会对社会进程产生影响，因此不仅经济因素，"所有'非经济因素'——政治的、社会的以及经济的结构、制度和态度，确实的，即所有的人与人的关系——必须包括在分析中"[74]。演化的思想被众多学者提及，尽管不很完善，但我们也采纳这一演化思想和分析问题的方式，并提出第一个假说：城乡居民收入差距是在制度系统多因素共同影响下演化的结果。在一定的制度系统里所生成的众多因素对城乡居民收入差距的路径产生了影响，使城乡居民收入差距沿着这一路径发展演化，从而出现现在的结果。

在随后的实证分析中将要验证这一观点，当然理应找出所有因素，但是正如有限理性所蕴含的，不可能将所有原因找出，同时，有些原因影响稍小可以忽略，因此也不必找到全部原因，所以，本书根据以往研究和自己的看法选择部分重要的原因进行较为系统的影响分析。尽管未能将全部原因概括进去，但这样仍然可以在一定程度上反映出各个原因的综合影响作用。

（二）根本原因是制度整体

新制度经济学派代表性学者诺斯（North，1990）认为，制度是一个社会的博弈规则……是一些人为设计的、形塑人们互动关系的约束。[8]而丹尼尔·布罗姆利（Bromley，2008）认为，制度是运

---

① 经济生物学是马歇尔提出的经济学的一个发展目标。他认为，古典经济学主要的研究方法是基于力学上的相似性，是短期、静态、局部均衡的。经济学应该关注现实，关注动态问题。研究动态问题，需要接纳生物演化的思想，进行生物学的对比，因而提出了经济生物学。经济生物学也被认为是演化经济学的思想起源之一。

行实体——家庭、氏族、村庄、企业和民族国家——的规则,并对此进行了解释,认为制度定义并说明了一个运行实体中的成员的机会集合,或行动的场域。[131]所以实体运行效果的好与坏取决于其被限定的行动场域,如果能够有利于实体向好的效果运行的行动没有被包含在场域中,那么我们归结的原因就只能是场域,只能是制度。城乡居民收入差距扩大受到众多原因的影响,这些原因都是在制度限定下不得不出现的,所以我们提出第二个假说:城乡居民收入差距扩大的众多原因背后的根本原因是构成制度系统的制度整体。

对于这个问题的探讨,需要介绍两个方便理解的制度经济学观点。

一是寻租问题。寻租是一个经常发生的社会现象,是社会资源没有用于生产而导致虚耗,这也引起了制度经济学家们的关注,而寻租理论是新制度经济学理论的一个重要组成部分,认为寻租现象的存在及其程度与制度密切相关,一个社会寻租还是寻利主要取决于制度。寻租源自于政府对经济的干预,而且政府也是寻租行为的重要得利者。

二是制度对经济的影响。制度可以促进经济增长,卢现祥认为:"制度构造了人们在政治、社会或经济方面经济交换的激励结构,这种激励结构能直接降低交易费用,从而有利于经济增长。"[132]当然,这样的激励结构在促进经济增长的过程中,也会对分配结构以及城乡居民收入差距产生影响。制度影响生产要素的流向,影响一些要素在城乡之间的流动,必然会影响产出,影响城乡居民收入差距。

本章开始部分已概括了以往相关研究所提到的影响城乡居民收入差距的制度包括劳动、教育、社会等级、社会保障等,我们将继续分析这些原因,这些只是在特定的规则下必然出现的结果。

劳动是最主要的获取收入的要素,也是其他要素获取收入的前提,因此,也就不难理解对劳动影响收入差距进行的研究众多的原因了。很多对城乡居民收入差距原因的研究,例如韦伟、傅勇(2004),

徐庆（1997）等都认为，劳动力的自由流动是解决城乡居民收入差距的主要途径，[3][35]因此也反推出之后将劳动力不能自由流动作为城乡居民收入差距的原因。所总结出来的劳动力转移的限制包括户籍制度、城市高收入部门就业门槛等，这些限制其实全部可以被归结为制度。许多有利于缩小收入差距的行动都被制度所限制，我们不应该归罪于行动的不利，而只能归因于制度。户籍制度将人口限定为农业人口和非农业人口，这种区分主要反映出户口的城乡差异是直接导致农民向城市转移的最大限制，并且随着农民进城规模的扩大，找工作尤其是高收入的工作要跟城市户口挂钩，这项歧视性的制度安排反映出它在很多地方被当成保障城市就业，阻挡农民进城的盾牌。当然，进城就业的门槛远不止户籍制度一项，还有部分部门就业的暗箱操作等。这样一些制度安排导致了农民向城市转移的困难，正如黄少安（2008）在关于制度对经济的影响的总结中所提出的"制度影响生产要素的流向"，"制度影响人力资本的流向"[71]，正是这些制度安排导致无法实现通过劳动力自由流动以解决城乡居民收入差距的问题。

制度对劳动的影响不仅仅是限制劳动力流动，还包括影响其他方面的一些制度，例如最低工资制度、集体谈判制度等，这些制度在城市居民就业中相对效果较高，执行的较好，而在农村居民包括进城务工的农村居民中执行的较差，保证不了最低工资，甚至工资拖欠严重，在工资谈判中由于规则了解的较少、劳动力过剩等问题，谈判双方地位差异悬殊，农村居民无法获得均等工资，农村居民的收入受到影响。这些制度安排导致农村居民工资收入水平普遍低于城市居民，城乡居民收入差距扩大，因而同样也被看作是城乡收入差距的原因。

教育因素同样是众多研究归结的原因，例如白雪梅（2004）[4]，温娇秀（2007）[36]，杨俊、黄潇（2010）[133]等。教育与收入的联系是通过劳动生产率，教育的深化会促进劳动生产率的提高，从而促进收入的增加。而教育的不公平使得农村受教育水平普遍较低，以致留在农村的农民和转移到城市的农民的劳动力质量较低，劳动生产率偏低，从而导致其获取的收入较低。甚至是，现在在城市打工的农民子弟在城市仍然受到严重歧视，面对的仍然是不公平的受教育机会，代际传承在这一发展路径下使不公平越走越远。对于教育的不公平原因，顾玉林（2007）认为很多，但主要是政策和制度问题。例如政府公共职能的缺失、社会不公平造成教育不公平以及教育投入严重不足等。[134]高会恩（2012）认为，主要是教育投入的差异，这也导致师资、教学设备、教育水平的差异，以致出现城乡教育的差异。[135]多位学者的研究所提出的观点具有重要的价值，也能够看出制度成为最根本的原因。教育投入、政府职能等都取决于制度对政府行为的激励引导和约束作用。正如卢现祥对寻租所形容的那样："好的制度激励人们去做蛋糕，而坏的制度则诱使人们去分蛋糕。"[136]教育投入的差异就源自于政府在现有制度下的寻租行为，例如政府期待从良好的城市教育中获得更大的形象工程政绩，更多的城市人和上级官员都能够看得到，因而制度才是最根本的原因。

社会等级也被认为是城乡居民收入差距的主要原因，而这样的等级区分主要源自于实行的非正式的等级制度。等级制度确实是有必要的，威廉姆森曾经对企业内的等级制度进行论证，认为"业绩最差的那些模式也就是等级制程度最弱的模式"[136]。把这个范围从企业扩大到整个社会，如果成立的话，社会等级的存在也是社会的需要，但是仍然可以通过适当的制度安排，在实现其效率的同时又能防止城乡居民收入差距的扩大，例如，企业内部的升迁体制是不同等级的关联的制度安排，这样的制度安排就可以保证等级制度的效率，又可以使内部员工通过等级的跨越实现收入的改变。

社会保障制度应该无差异地向公民提供，但是中国城乡差异的社会保障制度的存在，政府作为其主要的提供者也会面临寻租的激励。

土地制度也是重要因素。土地制度是农村居民收入的重要影响因素，包括农村居民的经营性收入、财产性收入等都有赖于土地制度。家庭联产承包责任制对土地经营权的确认保证了农村居民收入的提高，实现了城乡收入差距的缩小，而土地流转制度的改革目标之一就是提高农村居民的财产性收入。但是这些制度由于本身的不完善，而没有有效地促进农村居民的收入提高，没有改善城乡收入差距。

总之，城乡居民收入差距的众多原因最终都被归结为制度，因而制度成了根本原因。接下来试图对制度与城乡居民收入差距的关系进行实证分析，对制度的衡量是关键，通过实证分析以证实本部分所提出的看法，制度与城乡居民收入差距的关系以及城乡居民收入差距是多因素影响的结果。

二 制度影响机制的实证分析

（一）制度变量选择及模型设计

1. 制度变量衡量方法

为了体现多因素分析，就要对制度进行分类，不同的制度作为子制度分别采用不同的指标来衡量。而对于制度变量一般采用代理变量的方式来衡量，因为制度变量是现实中并不存在的独立变量，具有抽象、难以量化等特点。为了描述制度环境、制度安排和制度变迁的状态，可以找到能够近似描述整体制度以及制度变迁的一系列经济变量和政治变量的集合，这些变量就是所谓制度的代理变量。代理变量对不能直接观察的制度变量进行量化，必然具有主观性。

王曦、邹文理（2010）总结了两种构造制度指标的方法：一是单代理变量方法，即直接使用某一制度变量的代理变量。二是加权指数法，即通过构造一系列的代理变量，再通过某种加权平均的方式整合成一个综合性的制度指数。[137]王瑞泽、陈德山（2006）总结认为：一是选择若干具体的经济变量及政治变量并分别用这些变量的横截面数据来表示制度，一般而言，这是静态的制度代理变量；二是选择若干具体的经济变量及政治变量并将这些变量编制成一个指数，从而用这个指数的时间序列来表示制度及其变迁，这是动态的制度代理变量。[138]概括而言就是三种变量：单一代理变量、多代理变量和复合代理变量。其中，复合代理变量是一种模糊评价。马强、孙剑平

(2011) 选用了多代理变量的方式来衡量垄断制度,[139]汤清、袁永(2008) 对于经济制度这一制度变量,选择五个变量通过加权计算出一个复合指标作为代理变量来衡量,[140]夏茂森、朱宪辰等 (2012) 也是采用这一方法来衡量制度变量的。[141]制度能生成复杂结果,相比较而言,单一代理变量只是从某一个方面来反映制度,存在片面的缺点。多代理变量和复合代理变量能更好地反映出来,但是复合代理变量中的权重完全是主观设定的,存在很大的主观性。本书采用多代理指标的方法来衡量制度变量,但在进行实证分析过程中会选择通过检验的最合适指标来作为代理指标,最终使用的可能是单一代理变量。

2. 制度变量选择

制度系统包含众多因素,不可能穷尽,因而本书选择比较认可的几个制度因素作为制度系统的代表。根据前文文献综述所介绍的以往的研究成果,选择户籍制度、资本流动限制、垄断、教育制度和社会保障制度五个具体制度作为影响城乡居民收入差距的制度系统,衡量各个具体制度所选择的适当的代理变量如表 6–1 所示。

表 6–1 **各个具体制度的衡量所选择的代理变量对应表**

具体制度	代理变量	符号
户籍制度	失业率	human 1
	城乡就业人口比	human 2
	城乡人口数之比	human 3
资本流动限制	农业和乡镇企业贷款占总贷款的比值	capital 1
	固定资产投资城乡比	capital 2
垄断	国有单位人均工资与全国平均工资之比	monopoly 1
	国有单位就业人数与总就业人数之比	monopoly 2
	国有经济占 GDP 的比重	monopoly 3
教育	城乡平均受教育年限比	education 1
社会保障	城乡人均转移性收入之比	security

对于户籍制度变量的衡量,何英华(2004)讨论了政府决定发放户口的标准,认为如果失业率越低、老年人口比例越低,或者户口申请者学历越高、年纪越轻,那么政府就更有可能发放户口给他们。[142]夏茂森、朱宪辰等(2012)沿用这一观点,在对户籍松紧程度进行评价中,选择的评价指标有高学历人数占总人数的比重(分本科和研究生两类),区域失业率,老年人口占总人口的比例,非农人口占总人口的比重以及区域人口流入和流出比率,以通过加权的方式计算出综合的最终评价值作为该区域户籍松紧程度的衡量指标。[141]这些指标均为户籍制度变量变动原因指标,可以作为户籍制度变量的代理变量,但是也存在一些缺点:过多地依赖于政府的主观调整,政府进行调整的时间是非常滞后的,调整也是跳跃式的、非连续的,以及还存在是否能够调整的问题。本书参照部分观点,拟选择失业率、城乡就业人口比以及非农业人口占总人口比重三个指标。其中,因为公布的失业率只是城镇登记失业率,没有反映全部经济活动人口的失业率,因而本书的失业率采用:

$$失业率 = \frac{经济活动人口 - 就业人口}{经济活动人口}$$

对于资本流动限制,最主要的问题是在现有的金融体制下所出现的农村资本外流,张国强(2006)应用农村资金的净外流和农村居民收入水平进行实证分析(样本数据为1989—2003年),实证结果表明,农村资金净外流和农村居民收入水平存在相关性,[143]因而资本流动限制的衡量可以用农村资金外流来反映。张国强(2006)对农村资金外流的衡量则采用农信社和邮政储蓄等金融机构的农村资金向城市的净流出,参照此观点,本书对于资本流动限制的衡量,采用能够反映农村资金净外流的农业和乡镇企业贷款占总贷款比和固定资产投资城乡比来表示。

垄断由于形成的原因不同,可分为行政垄断和自然垄断,而本书对于垄断因素的衡量是为了反映垄断的社会影响,可以采用反映行政垄断和自然垄断的指标,在很多文献中也是这样衡量垄断的。金玉国、宋廷山(2003)认为,中国处于经济转型时期,行业的垄断和

第六章　城乡居民收入差距扩大的制度影响机制

集中程度可以在行业的国有化程度上得到大致的体现，并将行业国有化程度用行业内国有单位职工人数占本行业全部职工人数（从业人员数）的比重来代表。[144]张菊梅、史安娜等（2008）在对垄断制度的研究中所使用的制度指数采用非国有经济比重来衡量，并以自然垄断中的非国有经济工业产值占水、电、燃气行业工业总产值的比重来反映。[145]汤清、袁永（2008）对于非国有经济的发展采用非国有经济产值在工业总产值中的比重、非国有经济固定资产投资在全社会固定资产投资中所占比重来表示，[140]本书沿用这一思路，采用国有单位人均工资与全国平均工资之比、国有单位就业人数与总就业人数之比、国有经济占GDP的比重来反映。由于国有经济占GDP的比重难以查到，本书以国有经济固定资产投资占总固定资产投资的比重来代替。

在对教育制度对收入的影响进行分析时，这一变量的代理变量的选择，主要集中于教育的不公平衡量上，杨俊、黄潇等（2008），杨俊、李雪松（2007），杨俊、黄潇（2010）以借鉴其他人的计算公式计算得出的教育基尼系数来进行衡量，但是主要应用于各省的面板数据中。[146][147][131]白雪梅（2004）在对中国的教育与收入不平等的研究中认为，通常反映教育不平等程度的指标有两个：受教育年限的标准差和受教育年限的基尼系数，她在其研究中采用了总体受教育年限的离散程度来说明教育的不平等程度。[4]温娇秀（2007）在对中国城乡教育不平等与收入差距扩大的研究中，采用城乡平均受教育年限比来衡量教育的不公平。[36]本书由于主要探讨的是城乡居民收入差距问题，因此选择城乡平均受教育年限比来衡量。

对社会保障制度的衡量所采用的方式主要是两个方面：一是采用社会保障支出，社会保障支出更接近社会保障制度的效果。陶纪坤（2008）在进行社会保障制度与城乡居民收入差距的对比分析中，就对比了城乡居民人均获得的社会保障转移性收入，[5]陆铭、陈钊（2004）利用政府财政支出结构对城乡居民收入差距进行原因分析，其中采用了财政支出中的社会保障支出作为社会保障制度因素的代理变量。[148]张翼（2010）采用加上转移性收入前后的城乡居民收入之比的对比来说明社会保障制度对收入差距的影响。[7]二是人口的比重。

严斌（2007）在其硕士论文中深入详细地研究了社会保障制度对城乡居民收入差距的影响，按照社会保障的分类对社会保障制度进行衡量，包括四个方面：描述中国城乡养老保险差异状况的城镇参加养老保险居民占城镇人口比重与农村参加养老保险居民占农村人口比重之比；刻画了中国城镇医疗保险状况的城镇参加医疗保险居民占城镇人口的比重；说明中国城镇失业保险状况的全年领取失业保险金职工占城镇人口的比重；反映中国城乡低保差异状况的农村享受低保居民占农村人口比重与城镇享受低保居民占城镇人口比重之比。[40]在这两种方式里，人口比重反映的是社会保障制度的覆盖面，而社会保障支出是对收入带来直接影响的因素，因此本书选择社会保障支出来进行衡量，具体的指标是城乡人均转移性收入之比。

在随后部分里，为了方便使用，本书采用一些符号来代替各个指标，其中，human 1，失业率；human 2，城乡就业人口比；human 3，城乡人口数之比；capital 1，农业和乡镇企业贷款占总贷款比；capital 2，固定资产投资城乡比；Monopoly 1，国有单位人均工资与全国平均工资之比；monopoly 2，国有单位就业人数与总就业人数之比；monopoly 3，国有经济占 GDP 的比重；education 1，城乡平均受教育年限比；security，城乡人均转移性收入之比。

3. 样本数据来源及说明

所有数据均来自各年的《中国统计年鉴》《中国人口统计年鉴》《中国农村住户调查年鉴》《中国金融年鉴》。需要说明的是，平均受教育年限是根据《中国人口统计年鉴》中全国城乡各种受教育程度的人口比例乘以相应的教育年限而得出的。将五类不同受教育程度，即不识字或识字很少、小学、初中、高中和大专及以上的受教育年限分别取值为1、6、9、12、16。由于《中国人口统计年鉴》中没有关于城镇教育程度人口比例的直接数据，我们通过对城市和城镇人口两部分加总后进行加权平均获得该数据。另外，城镇居民转移性收入1999年之前的数据是由1999年之前的统计年鉴中转移性收入与其他收入相加而得到的。统计年鉴中1996—1998年的农村家庭人均转移性收入是与财产性收入合并的，将1995年和1999年两年的财产性收入进行算术平均作为1996—1998年的财产性收入值,从1996—1998年的转移性收入和财产性收入中扣除所得到的作为人均转移性收入的估计值。经过计算后的数据受篇幅限制,放在附录1中。

4. 模型设计

表6-2　　　　城乡居民收入差距与各因素的相关系数表

变量	human 1	human 2	human 3	capital 1	capital 2	monopoly 1	monopoly 2	monopoly 3	education 1	security
Y	0.6626	0.9084	0.9222	0.3566	0.9270	0.5601	-0.9007	-0.9452	-0.7694	0.2893

从表6-2所列示的城乡居民收入差距Y与各因素的相关系数可以看出,Y与很多因素存在显著的线性相关性,可以与很多因素建立多个一元线性回归,但是本书的观点是多因素复合影响,为了验证这一观点,本书所采用的是多元线性回归模型。模型1是将全部变量均包含在内,其他模型是在模型1的基础上通过变量的增减形成的,找出符合检验的模型。

模型1:

$$y = c + \beta_1 human1 + \beta_2 human2 + \beta_3 human3 + \beta_4 capital1 + \beta_5 capital2 + \beta_6 monopoly1 + \beta_7 monopoly2 + \beta_8 monopoly3 + \beta_9 education1 + \beta_{10} security$$

(二)实证结果及其分析

1. 对多因素影响的验证

本书采用Eviews 6.0软件进行回归,回归结果在表6-3中,各列有数值的表示用到所对应的因素,其中模型1是全部因素都涵盖在内的,但是回归结果由模型1显示出来,尽管$Adj-R^2$和F值均通过检验,DW所代表的自相关也通过检验,但是10个因素中只有1个的t检验统计量通过检验,其余均未能通过,因此模型1不能说明这些因素能解释城乡居民收入差距。通过在模型1的基础上减少变量或者更换变量的不断试探,得到表6-3中其他几个模型的结果,这些回归结果能够通过各个检验。当然,模型5中尽管回归的很完美,但是,两个因素所采用类似的数据,对城乡居民收入差距的影响效果应该相同,但是两个因素的回归系数符号相反,意味着可能存在多重共线性,而其他模型则不存在这个问题。模型3中除了human 2系数的t检验值未通过检验外,其余均通过检验。

表6-3　　　　　　　　　　　　回归结果表

因素	模型1 系数	模型1 t值	模型2 系数	模型2 t值	模型3 系数	模型3 t值	模型4 系数	模型4 t值	模型5 系数	模型5 t值
human 1	-0.048	-0.380					0.412	2.111*		
human 2	-31.062	-1.919*			-2.765	-1.236			-35.918	-7.279***
human 3	16.052	1.722							20.251	7.998***
capital 1	0.004	0.075	0.085	6.758***			0.077	2.871**		
capital 2	0.139	0.754			0.382	2.276**				
monopoly 1	-0.200	-0.023								
monopoly 2	-2.508	-0.301	-9.208	-14.271***	-5.377	-2.381**				
monopoly 3	-0.578	-0.404								
education 1	-1.344	-0.775					-3.590	-1.773*		
security	-0.017	-0.390	0.044	3.454***						
Adj-R^2	0.944		0.955		0.882		0.713		0.968	
F-stat	24.667***		99.427***		36.008***		12.568***		211.352***	
DW	2.657		2.224		1.062		2.012		1.791	

注:***、**、*分别表示1%、5%、10%的显著性水平。

在不断尝试的过程中,考虑到许多制度变量对最终城乡居民收入差距的影响可能存在一定的时滞,因此,也尝试对一些变量采用其滞后1到2期的数据进行回归,得到两个回归结果较为理想的模型。如表6-4所示,模型1是对4个因素的线性回归,其中反映户籍制度的失业率(human 1)滞后2期,反映垄断的国有单位就业人数与总就业人数之比(monopoly 2)滞后1期,各项检验指标均能通过检验。模型2同样是对4个因素的线性回归,反映户籍制度的失业率(human 1)滞后1期,其余变量没有滞后。

第六章 城乡居民收入差距扩大的制度影响机制

表 6-4　　　　　　　　　模型 6、模型 7 回归结果

模型 6			模型 7		
因素	系数	t 值	因素	系数	t 值
human 1（-2）	0.1327	2.6363**	human 1（-2）	0.1868	2.5577**
capital 1	0.0683	4.6679***	Capital 2	0.1429	3.5838***
monopoly 2（-1）	-6.4382	-5.4297***	monopoly 2	-4.4444	-14.271***
security	0.0370	4.5188***	security	0.0336	2.8735**
Adj-R²		0.985	Adj-R²		0.961
F-stat		198.752***	F-stat		74.043
DW		2.104	DW		2.020

注：***、**、*分别表示 1%、5%、10% 的显著性水平。

从表 6-3 和表 6-4 中回归效果较好的模型 2、模型 3、模型 4、模型 6、模型 7 来看，模型 6、模型 7 均是反映城乡居民收入差距可以被四个因素所解释，模型 2、模型 3、模型 4 均是反映城乡居民收入差距可以被 3 个因素所解释。这些模型均在一定的显著性水平上通过了检验，反映这些模型可以在这样的显著水平上被我们认为不是偶然现象，这也验证了我们的第一个假说，即城乡居民收入差距是多因素共同作用的结果，是多因素所形成的合力，才将城乡居民收入差距推高到这个位置上的。尤其是，从表 6-2 中可以看出，城乡人均转移性收入之比（security）与城乡居民收入差距之间线性相关性为 0.2893，相关性非常低，但是其在模型 2、模型 6 和模型 7 中却与其他因素一起对城乡居民收入差距产生了一定的影响，从这个意义上讲，单因素分析是不完备的。

2. 第二个假说的验证

从表 6-3 和表 6-4 的回归结果中可以看出，模型 6 显示，城乡居民收入差距可以被四个因素所解释，分别是滞后 2 期的失业率（human 1）、滞后 1 期的国有单位就业人数与总就业人数之比（monopoly 2）、农业和乡镇企业贷款占总贷款比（capital 1）、城乡人均转移性收入之比（security）；模型 7 也显示，城乡居民收入差距可以

被四个因素所解释，分别是滞后 2 期的失业率（human 1）、固定资产投资城乡比（capital 2）、国有单位就业人数与总就业人数之比（monopoly 2）、城乡人均转移性收入之比（security）；模型 2 反映了国有单位就业人数与总就业人数之比（monopoly 2）、农业和乡镇企业贷款占总贷款比（capital 1）、城乡人均转移性收入之比（security）三个因素；模型 3 显示了城乡就业人口比（human 2）、固定资产投资城乡比（capital 2）和国有单位就业人数与总就业人数之比（monopoly 2）三个因素；模型 4 显示了失业率（human1）、农业和乡镇企业贷款占总贷款的比值（capital 1）和城乡平均受教育年限比（education1）。为了更清晰地分析，我们将这些因素总结为表 6-5。从表 6-5 中能够看出，这些因素涵盖了我们对制度描述的五个子制度。

表 6-5　　　　　　　　　回归良好模型因素总结

子制度	因素	模型 2	模型 3	模型 4	模型 6	模型 7
户籍制度	human1			√	√	√
	human2		√			
资本流动限制	capital1	√		√	√	
	capital2		√			√
垄断	monopoly2	√	√		√	√
教育	education1			√		
社会保障	security	√			√	√

这样，我们就建立起了如图 6-1 所显示的联系，子制度反映制度，而子制度的代理变量，即表 6-5 中的各个因素与城乡居民收入差距之间通过各种形式存在关联，其中子制度的代理变量对于子制度的代表性在本书的制度变量选择部分做出解释和证明，因而这样的联系就全线贯通，城乡居民收入差距的最根本原因就是包含各个子制度的制度系统，第二个假说得证。

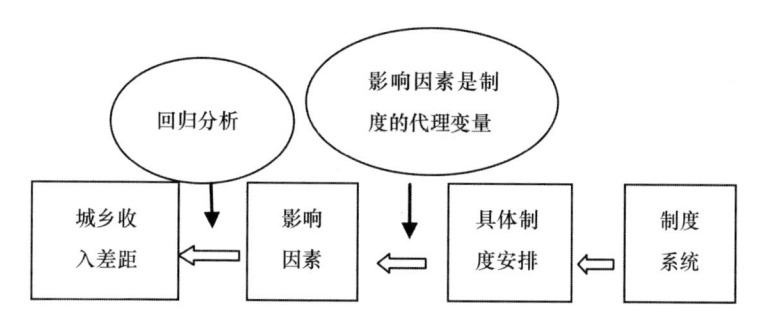

图 6-1 城乡收入差距与制度之间的影响机制

三 小结

本部分对以往文献存在的不足进行了分析，并结合相关理论提出了城乡居民收入差距的制度影响机制：首先是城乡居民收入差距是在制度系统多因素共同影响下演化的结果，其次是城乡居民收入差距的扩大最终归因为制度系统。对这两个假说在进行理论证明的同时，采用中国 1995—2009 年 15 年间的相关数据对这两个假说进行了验证，这两个假说的验证在一些问题上应该引起我们的重视：

从第一个假说的证实可以看出，缩小城乡居民收入差距的对策不仅仅是从某一个环节来寻求，城乡居民收入差距是众多因素相互影响、相互作用的结果，是一个历史发展的演化过程，在这个过程中所形成的路径由于路径依赖而使得城乡居民收入差距沿着这一历史发展轨迹发展下去，只对某一个环节的改进而其他环节保持不变，并不能从根本上改变这一路径，那么这一个环节的改进则是徒劳的。

众因素背后的制度系统是最终的根本原因，而众因素只是在一定制度安排下生成的，针对某一因素的对策措施并不能改变制度，也就不能从根本上改变结果，因此缩小城乡居民收入差距的根本途径就是进行制度改革。

制度系统包含众多的具体制度安排，各个具体制度安排通过表现出来的影响因素对城乡居民收入差距产生影响。要从根本上改善城乡居民收入差距，就必须改变制度系统，也就是要改革各个具体制度安排，例如户籍制度、社会保障制度等，这样才能改变发展路径，跳出原有的路径依赖。

第七章

中国城乡居民收入差距扩大的制度系统实证分析

上一章分析并验证了制度系统对于城乡居民收入差距的影响，本部分将对中国的城乡居民收入差距与制度系统演变之间的关系进行分析。我们将采用所构建的制度系统分析方法的三个方面分别对制度系统进行实证分析，包括制度系统 logistics 演化模型、制度系统灰关联熵和制度系统尖点突变模型。其中制度系统灰关联熵的计算结果将会应用于尖点突变模型中，并对相关结果进行追溯分析，寻找变动原因。

一 中国制度系统演化的实证分析

很多学者对城乡居民收入差距的原因和如何缩小城乡居民收入差距进行了研究，一些学者已经将城乡居民收入差距的原因归结为制度。本部分将采用制度系统分析方法中的制度系统 logistics 演化模型对影响城乡居民收入差距的制度系统进行探讨，以认识和了解当前的制度系统，把握制度系统的变动规律。

(一) 变量数据选择

制度系统是要实现一定的社会经济目标的，这些目标作为制度目标都需要在制度效率与制度公平之间加以权衡，在这部分内容里将会对制度效率和制度目标进行适当探讨。本部分试图从制度系统的角度分析城乡居民收入差距,因此关于公平目标的变量选择了城乡居民收入差距①,而效率则选择了人均GDP。

通过对历年人均GDP和城乡居民收入差距的比较,选择1983—2009年共27年的数据,具体数据列在表7-1里。选择的原因在于:一个未发生改变的系统目标应该体现出一定的连贯性。这27年的人均GDP和城乡居民收入差距整体上都呈现出不断增长的趋势。这个时期可以以1997年为界分成两段:1983—1997年和1997—2009年,原因有二:一是1997年前后中国正面临着内忧外患的经济形势,同时国有企业的改革和户籍制度的松动等制度改革都表明,这两个时期的制度系统存在差异;二是城乡居民收入差距在1996年和1997年呈现出明显波动,一改之前持续扩大的趋势,如果以上升和下降作为一个完整趋势的话,1997年正是前一个时期下降之后的最低点,同时也是后一个时期上升开始的最低点,并假定这两个时间段的制度系统各自维持连贯。其中人均GDP是根据当年居民消费价格指数调整后的实际人均GDP。

表7-1　　　　1983—2009年人均GDP和城乡居民收入差距

年份	城乡居民收入差距	城乡居民收入差距增幅(%)	人均GDP(元)	人均GDP增幅(%)
1983	1.821	-0.1291	508.8933	41.0029
1984	1.833	0.0123	590.6550	81.7617
1985	1.859	0.0261	654.3253	63.6703
1986	2.123	0.2638	689.8556	35.5302
1987	2.167	0.0438	742.3406	52.4850

---

① 公平和效率是学术界探讨比较多的一个问题。但关于公平,不同的学者提出了不同的判断准则,主要是规则公平和结果公平。在二者之间,按照从平均主义到不平均主义的排列存在四种公平观点:平均主义公平观、罗尔斯主义公平观、功利主义公平观、市场主导的公平观。本书提及公平,没有要加入公平观争论的意图,而只是按照既定的公平观来使用,本书的公平观尽管不赞成完全的平均主义,但仍然偏向于结果公平,接近于罗尔斯主义公平观,即社会不平等可以存在,需要基于一个前提:最大限度地使先天条件差的群体受益,那么社会总体福利道德就会得到改善。公平的衡量指标一般是基尼系数,而本书主要研究城乡收入差距,因而选择了反映城乡收入差距的城乡收入比来衡量。而效率指标则选择了人均GDP,以反映社会的平均产出,表明社会的平均效率。

第七章　中国城乡居民收入差距扩大的制度系统实证分析

续表

年份	城乡居民收入差距	城乡居民收入差距增幅（％）	人均GDP（元）	人均GDP增幅（％）
1988	2.168	0.0017	766.9925	24.6519
1989	2.287	0.1190	723.6790	-43.3135
1990	2.201	-0.0866	759.7043	36.0252
1991	2.400	0.1994	845.7371	86.0329
1992	2.585	0.1850	970.6374	124.9002
1993	2.797	0.2117	1097.8998	127.2624
1994	2.863	0.0667	1192.9216	95.0218
1995	2.715	-0.1487	1271.2849	78.3634
1996	2.512	-0.2024	1359.8247	88.5398
1997	2.469	-0.0434	1452.8582	93.0335
1998	2.509	0.0404	1550.1894	97.3312
1999	2.649	0.1392	1656.2938	106.1043
2000	2.787	0.1384	1810.5245	154.2307
2001	2.899	0.1119	1972.9305	162.4060
2002	3.112	0.2127	2167.9480	195.0175
2003	3.231	0.1195	2403.0023	235.0543
2004	3.209	-0.0224	2706.3575	303.3552
2005	3.224	0.0152	3057.1896	350.8320
2006	3.278	0.0546	3503.1220	445.9324
2007	3.330	0.0512	4086.1956	583.0736
2008	3.315	-0.0147	4535.6255	449.4300
2009	3.333	0.0180	4934.0136	398.3881

资料来源：根据2010年《中国统计年鉴》中数据整理计算而得到。

二　模型拟合

本书选择利用Origin软件对Logistics演化方程组（4-3）进行拟合。为了便于利用Origin软件对方程组的拟合，本书自定义了一个函数：

$$z = z_0 + fxy + ax + cx^2 + fxy \tag{7-1}$$

模型（7-1）可以通过系数变换转化为方程组（4-3）的形式，系数换算公式为：

缩小中国城乡居民收入差距的制度研究

$$\alpha_1 = a_1, \quad N_1 = -\frac{a_1}{c_1}, \quad \beta_1 = -\frac{f_1 N_2}{\alpha_1}$$

$$\alpha_2 = a_2, \quad N_2 = -\frac{a_2}{c_2}, \quad \beta_2 = -\frac{f_2 N_1}{\alpha_2}$$

其中，角标为1的a_1, c_1, f_1分别表示第一次拟合后得到的参数估计值，类似地，角标为2的a_2, c_2, f_2分别表示第二次拟合后得到的参数估计值。

方程组（4-3）包含两个方程，需要分别进行拟合。两次拟合过程所选择的各个变量所对应的数据如表7-2所示。

表7-2　　　　　　　　拟合过程中的数据选择

变量	z	x	y
第一次拟合	dx/dt	x	y
	城乡居民收入差距增幅	城乡居民收入差距	人均GDP
第二次拟合	dy/dt	y	x
	人均GDP增幅	人均GDP	城乡居民收入差距

（三）制度系统中公平与效率之间存在交叉影响的验证

交叉影响的验证可以利用同一段时期的数据对第四章的模型（4-1）和模型（4-3）分别进行拟合，并通过拟合结果的比较验证哪个更符合实际，以判断公平和效率之间是否存在交叉影响。

对模型（4-1）的拟合，为了简便起见，直接采用了Origin软件中的函数间接进行：

$$y = a + bx + cx^2 \qquad (7-2)$$

利用1997—2009年的数据进行非线性拟合（Nonlinear Fit）。

而对模型（4-3）的拟合则采用了自定义函数即模型（7-1）对同时期数据进行非线性平面拟合（Nonlinear Surface Fit）。

这两个拟合的结果见表7-3所示。可以看出，采用模型（7-1）进行的第一次拟合的结果比采用模型（7-2）在Reduced Chi-Sqr，调整后的R^2表明，非线性平面拟合的拟合优度均优于非线性拟合，F值以及P

值显示拟合效果比较显著。在第二次拟合中,除了 F 值略有下降之外,其余各项指标显示,非线性平面拟合的拟合优度较好,拟合更为显著。并且 F 值的下降幅度并未影响拟合的显著性。因此,可以断定制度系统中公平与效率之间存在着交叉影响,采用模型(7-1)更符合现实规律。具体影响的大小可以通过相关的拟合系数来进行分析。

表7-3　　　　　　非线性拟合与非线性平面拟合的比较

指标	第一次拟合		第二次拟合	
	非线性拟合	非线性平面拟合	非线性拟合	非线性平面拟合
Reduced Chi-Sqr	0.008	0.004	3946.346	3485.883
调整后的 R^2	0.048	0.553	0.899	0.910
F 值	1.953	6.745	175.386	149.561
P 值	0.184	0.008	0.000	0.000

(四) 相关参数的估计值

为了对后两个方面进行验证,需要通过拟合求出相关参数的估计值。为了让验证更有说服力,将1983—1997年和1997—2009年看成两个制度系统,对各自数据分别进行拟合,应用拟合结果以求出各种参数估计值和均衡点。

拟合的检验结果见表7-4。可以看出,Reduced Chi-Sqr 和调整后的 R^2 这两个指标所显示的拟合优度较好,F 值检验也通过了,拟合效果比较显著。

表7-4　　　　　　　　　拟合的检验结果

指标	1983—1997年		1997—2009年	
	第一次拟合	第二次拟合	第一次拟合	第二次拟合
Reduced Chi-Sqr	0.014	1619.317	0.004	2425.000
调整后的 R^2	0.309	0.141	0.362	0.905
F 值	2.639	11.312	5.972	130.479
P 值	0.102	0.001	0.016	0.000

系数的换算。所拟合得出的参数估计值并不直接是方程组（4-3）中的参数，需要根据换算公式进行换算。换算所需要的两次拟合参数估计值见表7-5所示。

表7-5　　　　　　　　　　参数估计值

参数符号	第一次拟合 Value	第一次拟合 Standard Error	第二次拟合 Value	第二次拟合 Standard Error	第一次拟合 Value	第一次拟合 Standard Error	第二次拟合 Value	第二次拟合 Standard Error
z0	-1.515	1.580	36.643	220.789	-6.412	3.080	-857.592	364.722
a	1.141	1.371	-0.098	0.595	4.490	2.184	1.065	0.558
c	-0.112	0.292	0.000	0.000	-0.766	0.389	0.000	0.000
f	0.000	0.000	0.051	0.081	0.000	0.000	-0.136	0.115

根据上述换算公式以及拟合得到的参数估计值，计算得出方程组（4-3）的各个参数值（见表7-6所示）。

表7-6　　　　　　　换算后的参数估计值

参数	α_1	N_1	β_1	α_2	N_2	β_2
1983—1997	1.141	10.211	2.884	-0.098	14827.15	5.345
1997—2009	4.490	5.863	0.010	1.065	15075.45	0.750

根据相关参数估计值可以得出制度系统在各自时期的均衡点（如表7-7所示）。

表7-7　　　　　　两个时期制度系统的均衡点

均衡点	$x = \dfrac{N_1(1-\beta_1)}{1-\beta_1\beta_2}$	$y = \dfrac{N_2(1-\beta_2)}{1-\beta_1\beta_2}$
1983—1997	1.335	4468.747
1997—2009	5.848	3803.566

（五）均衡点及其稳定性分析

上述过程得到两个时期制度系统的相关参数值，据此做出图7-1。其中，虚线所构成的图形是1983—1997年制度系统，N_1，N_2分别表示这一时期制度系统 X 和 Y 的极限值，这也就意味着系统的均衡点只能在这两个极限值和横轴纵轴限制之内。点$P(1.335,4468.747)$是这一时期制度系统的均衡点，此时$\beta_1=2.884>1$，$\beta_2=5.345>1$，二者同时大于1，说明，均衡点稳定。稳定的均衡点说明这一时期制度系统均衡的城乡居民收入差距是1.335，均衡的人均GDP为4468.747。这一均衡点反映的是比较低的城乡居民收入差距和较高的人均GDP，是非常理想的状态，而1997年的城乡居民收入差距是2.4689，人均GDP为1452.8582，距离均衡点比较遥远。从长期来看，制度系统将会不断降低城乡居民收入差距，同时增加人均GDP，向均衡点不断演化。但从长期来看不确定性很大，可能某些因素的变化促使了制度改革，导致制度系统发生变化，从而改变了均衡点，改变了系统的演化方向。

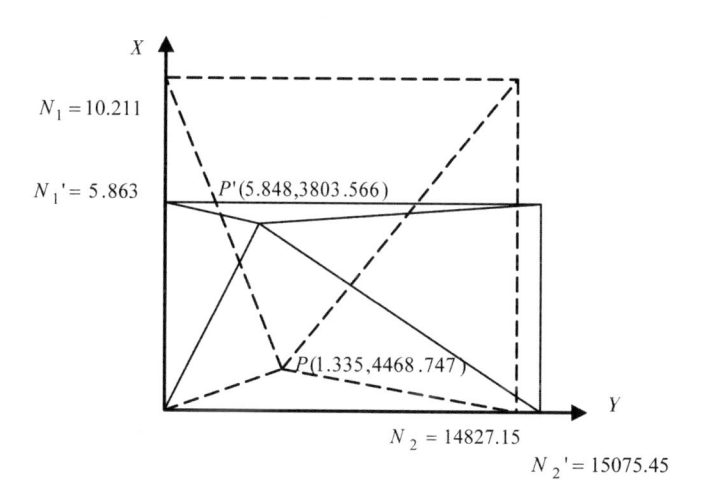

图7-1 两个时期制度系统的均衡点

图7-1中实线所构成的图形是1997—2009年的制度系统，N_1'，N_2'分别表示这一时期制度系统 X 和 Y 的极限值，这也就意味着系统的

均衡点只能在这两个极限值和横轴纵轴限制之内。点 $P'(5.848, 3803.566)$ 是发生改变之后这一时期制度系统的均衡点，即这一时期制度系统均衡的城乡居民收入差距是 5.848，均衡的人均 GDP 为 3803.566。$\beta_1 = 0.010 < 1$，$\beta_2 = 0.750 < 1$，二者同时小于 1，说明均衡点同样是稳定的。2009 年，人均 GDP 为 4934 元，城乡居民收入差距为 3.33，就当前的这个组合来看，制度系统处于向均衡点不断演化的过程中，如果不进行变革，这个演化过程将继续，会出现城乡居民收入差距继续上升，同时人均 GDP 却不断下降的趋势，这将非常糟糕。

（六）制度系统的评价分析

1983—1997 年和 1997—2009 年这两个时期制度系统存在的共同点，一是两个制度系统都存在稳定均衡点，具备有序演化的必备前提。而且，这两个制度系统中的人均 GDP 对城乡居民收入差距的影响都小于城乡居民收入差距对人均 GDP 的影响，说明代表着公平的城乡居民收入差距对效率的限制一直都高于效率对公平的影响，要想释放效率，就必须认真解决城乡居民收入差距问题。二是这两个系统的 α_1 都大于 α_2，说明系统中城乡居民收入差距的成长速度要高于人均 GDP 增长的速度。

这两个时期制度系统也存在着较大的差异。从均衡点来看，前一个制度系统极低的城乡居民收入差距和较高的人均 GDP 水平，要远好于后一个系统，而均衡点是制度系统演化的方向。这也就意味着任由前一个制度系统演化可能会出现一个极其令人满意的趋势，但是制度系统却发生了改变，这种改变是多种因素共同作用的结果。1997 年党的十五大首次提出要把按劳分配和按生产要素分配结合起来，对个人收入分配制度的意识上的转变成为这两段时期制度系统发生重大变革的标志。同时，东南亚金融危机导致世界经济低迷，为了应对这种周围经济环境的变革采取了种种政策措施，这也能够算是一个非人为因素。

从其他拟合得到的参数估计值来看，1983—1997 年制度系统 $\beta_1 = 2.884 > 1$，$\beta_2 = 5.345 > 1$，二者均大于 1，说明均衡点稳定。同时，这两个系数也反映出人均 GDP 与城乡居民收入差距之间的交叉影响都很大，并且人均 GDP 对城乡居民收入差距的影响小于城乡居民收入差距对人均 GDP 的影响。而 1997—2009 年制度系统 $\beta_1 = 0.010 < 1$，$\beta_2 = 0.750 < 1$，二者同时小于 1，同样能够说明均衡点稳定，并且人均 GDP 对城乡居民收入差距的影响小于城乡居民收入差距对人均 GDP 的影响，但是也显示出与之前制度系统的不同，这两个系数反映出人均 GDP 与城乡居民收入差距之间的交叉影响都很小。

比较这两个时期系统的 α_1 和 α_2，第一个时期的 α_1 和 α_2 都小于第二个时期，反映了第一个时期城乡居民收入差距和人均 GDP 的成长速度都低于第二个时期。尤其是 α_1，从前一个时期的 1.141 变成了第二个时期的 4.490，说明在变革之后，对公平的损害程度非常严重。

前一个系统人均 GDP 与城乡居民收入差距之间的交叉影响相对比后一个系统要大，对此本书尝试做出简单的解释。

在改革开放初期，可能受之前计划经济的影响，人们的思想还没有完全放开，仍然存在"姓资"和"姓社"的疑惑和顾虑，对改革开放的每一项政策制定和实施都要问一问是姓"社"还是姓"资"，[149] 既想追求效率又怕违背社会主义，违背公平；想要保证公平，又不甘于经济效率低下。这也导致上下都束手束脚，可以看出这段时期效率与公平之间的交叉影响极大。随着 1992 年邓小平的"南方讲话"和 1997 年党的十五大按生产要素分配收入的分配制度的确立，逐渐促使人们解放思想，意识得到逐步扭转，效率与公平之间的交叉影响都出现下降。

（七）结论

制度系统中公平与效率之间存在着交叉影响，而且都是对方的反作用力。因此必须协调好制度系统中公平与效率的关系。

制度所构成的系统在不同时期具有一些共同点，通过均衡点的寻找及稳定性分析，能够确定系统是否向均衡点目标进行演化。中国改革开放之后，1983—1997 年和 1997—2009 年两个制度系统都存在着稳定的均衡点，具有向均衡点演化的趋势，但是却都出现了城乡居民收入差距的成长速度要高于人均 GDP 速度的现象，反映出公平问题始终是效率提高的枷锁。

这两个时期的制度系统通过比较都存在着较大差异，后一个时期的制度系统通过一些变革，解除了思想上的束缚，促使效率得到释放，但是城乡居民收入差距也同时快速上升，后一个时期的成长速度要远远高于前一个时期。再结合长期的均衡点来看，前一个时期的制度系统要优于后一个时期的制度系统，前一个时期是高公平高效率，后一个时期是低效率低公平。

所以，缩小城乡居民收入差距的制度改革，可以看作是制度系统均衡点的调整。应该考虑到公平与效率之间的交叉影响，在制度系统向均衡点演化的过程中，通过制度改革不断将均衡点调整得更加合理。

二 制度系统尖点突变实证分析

制度改革能否有效需要分析制度系统的稳定性。制度系统处于稳定状态下，改革将不会有效，而只有处于不稳定状态时，才会有突变的可能，制度改革才会发挥出效果。

本部分将对第四章中的制度系统尖点突变模型进行应用。选取适当数据，采用灰色熵方法，计算得出制度系统的灰色熵并将其作为系统的熵，随后采用尖点突变模型对制度系统的稳定性及是否存在突变的可能进行分析。所选取的数据从两个方面反映了制度系统，一个是分省的城乡可支配收入数据，另一个是按照收入来源划分的城乡居民收入数据。分析的过程也从这两个方面分别展开。

（一）城乡可支配收入制度系统稳定性分析

各个省的城乡可支配收入数据作为制度系统的表现，可以据此进行制度系统分析。尽管可能存在一定的偏差，但是为了应用方便，本书只选择比较典型的六个省的数据作为系统代表进行分析，所选择的六个省分别是东部的山东和广东、西部的云南和陕西、中部的河南以及东北的吉林，包含了传统区域划分的四个区域。1998—2010 年六

第七章 中国城乡居民收入差距扩大的制度系统实证分析

个省的农村和城镇的可支配收入数据见表7-8所示。

表7-8　　六省1998—2010年农村与城镇居民可支配收入

省份		吉林	山东	河南	广东	云南	陕西
1998年	农村	2383.6	2452.8	1864.1	3527.1	1387.3	1405.6
	城镇	4206.6	5380.1	4219.4	8839.7	6042.8	4220.2
1999年	农村	2260.6	2549.6	1948.4	3628.9	1437.6	1455.9
	城镇	4480.0	5809.0	4532.4	9125.9	6178.7	4654.1
2000年	农村	2022.5	2659.2	1985.8	3654.5	1478.6	1443.9
	城镇	4810.0	6490.0	4766.3	9761.6	6324.6	5124.2
2001年	农村	2182.2	2804.5	2097.9	3769.8	1533.7	1490.8
	城镇	5340.5	7101.1	5267.4	10415.2	6797.7	5483.7
2002年	农村	2301.0	2947.7	2215.7	3911.9	1608.6	1596.3
	城镇	6260.2	7614.4	6245.4	11137.2	7240.6	6330.8
2003年	农村	2530.4	3150.5	2235.7	4054.6	1697.1	1675.7
	城镇	7005.2	8399.9	6926.1	12380.4	7643.6	6806.4
2004年	农村	2999.6	3507.4	2553.2	4365.9	1864.2	1866.5
	城镇	7840.6	9437.8	7704.9	13627.7	8870.9	7492.5
2005年	农村	3264.0	3930.5	2870.6	4690.5	2041.8	2052.6
	城镇	8690.6	10744.8	8668.0	14769.9	9265.9	8272.0
2006年	农村	3641.1	4368.3	3261.0	5079.8	2250.5	2260.2
	城镇	9775.1	12192.2	9810.3	16015.6	10069.9	9267.7
2007年	农村	4191.3	4985.3	3851.6	5624.0	2634.1	2644.7
	城镇	11285.5	14264.7	11477.1	17699.3	11496.1	10763.3
2008年	农村	4932.7	5641.4	4454.2	6399.8	3102.6	3136.5
	城镇	12829.5	16305.4	13231.1	19732.9	13250.2	12857.9
2009年	农村	5265.9	6118.8	4807.0	6906.9	3369.3	3437.6
	城镇	14006.3	17811.0	14371.6	21574.7	14423.9	14128.8
2010年	农村	6237.4	6990.3	5523.7	7890.3	3952.0	4105.0
	城镇	15411.5	19945.8	15930.3	23897.8	16064.5	15695.2

资料来源：相应各年《中国统计年鉴》。

表7-9　　　　　　　　　　各年灰关联系数

年份	吉林	山东	河南	广东	云南	陕西
1998	0.2505	0.4390	0.5828	1.0000	0.1913	0.4957
1999	0.4474	0.6370	0.8172	1.0000	0.2970	0.6496
2000	0.7275	0.6704	0.7620	1.0000	0.3685	0.6407
2001	0.6938	0.6707	0.7855	1.0000	0.3667	0.6374
2002	0.8057	0.5379	1.0000	0.7606	0.3724	0.5449
2003	0.4394	0.3176	1.0000	0.6449	0.2562	0.3609
2004	0.4004	0.3954	0.8916	1.0000	0.2707	0.4500
2005	0.3486	0.3366	0.7496	1.0000	0.2470	0.3605
2006	0.3576	0.3690	0.7178	1.0000	0.2643	0.3503
2007	0.3560	0.4196	0.6572	1.0000	0.2751	0.3488
2008	0.2070	0.3141	0.4501	0.5504	0.1833	0.2093
2009	0.3775	0.5306	0.7590	1.0000	0.3230	0.3671
2010	0.2609	0.5041	0.6400	1.0000	0.2570	0.3135

1. 制度系统的灰关联熵分析

首先按照公式（4-8）计算灰色关联系数。其中$\rho(0 \leqslant \rho \leqslant 1)$是分辨系数，可以通过改变其值设置的大小，控制$\Delta(max)$对数据转化的影响，$\rho$取值越小，越可以减小$\rho$值对关联系数的影响，提高关联系数间的差异，因此本书取$\rho=0.2$。计算过程中具体的各个数据在附录2中，表7-9所列仅是计算得到的灰关联系数结果。

根据计算得到的灰关联系数利用公式（4-9）求出各个年份的灰关联熵，结果见表7-10所示。

表7-10　　　　　　　　　　灰关联熵

年份	1998	1999	2000	2001	2002	2003	2004
灰关联熵S	1.654885	1.72516	1.753689	1.753692	1.74366	1.676139	1.680195
变化ΔS	—	0.070275	0.028529	0.000003	-0.010032	-0.067521	0.004056

年份	2005	2006	2007	2008	2009	2010	
灰关联熵S	1.659756	1.671228	1.682688	1.70408	1.700916	1.658815	
变化ΔS	-0.020439	0.011472	0.01146	0.021392	-0.003164	-0.042101	

灰关联熵能够反映出六个省份农村与城镇之间收入的整体综合差距，而灰关联熵增加反映系统没有向良性方向发展；相反，灰色关联熵下降

第七章 中国城乡居民收入差距扩大的制度系统实证分析

则反映系统向良性方向发展。从表7-10中可以看出,灰色关联熵的变化ΔS正负各占一半,将各年份灰关联熵的变动趋势做成图7-2。

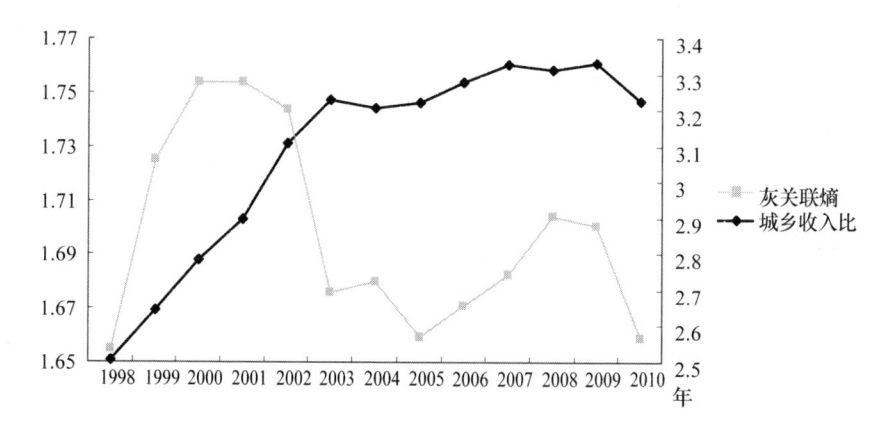

图7-2 灰关联熵变动趋势图

从图7-2中可以看出,灰关联熵的变动呈现出上升—下降—再上升—再下降的波动趋势,总体上呈现出上升之后震荡下降的趋势,这表明六个省份的农村与城镇之间收入的整体综合差距,经过波动性扩大之后又回到初始水平,没有继续扩大,与图7-2中城乡居民收入比波动趋势相比差别较大。一是比城乡居民收入比的波动更加剧烈。二是二者所呈现的态势在很多年份里较为一致。整体而言,灰关联熵能够很好地反映出城乡居民的收入差距。

2. 制度系统的尖点突变实证分析

利用尖点突变模型来对灰色熵进行分析,以探索当前制度系统的稳定性。

设时间为自变量t(以1998年为基准作为第一年,设$t=1$;1999年作为第二年,设$t=2$;以此类推,2010年$t=13$),把之前计算得到的表7-10中的灰关联熵设为y,为了拟合过程的方便,首先依据四次多项式公式:

$$y = A_0 + A_1 t + A_2 t^2 + A_3 t^3 + A_4 t^4 \tag{7-3}$$

进行拟合,拟合过程采用Origin 9.0软件来进行,得到的结果反映在

表7-11中,拟合度检验的结果反映在表7-12中。图7-3是拟合效果图,黑点是灰关联熵的散点图,其中的曲线正是通过拟合而得到的拟合结果曲线。

表7-11　　　　　　　　　　拟合参数结果

系数名称	系数值	标准误
A_0	1.47456	0.02759
A_1	0.22989	0.02509
A_2	-0.06125	0.00693
A_3	0.00604	0.00073
A_4	-0.000200343	0.0000259

表7-12　　　　　　　　　　拟合度检验结果

指标	指标值
调整后的 R^2	0.89695
F 值	55692.16618
P 值	0.0000
Reduced Chi-Sqr	0.000134544

从图7-3拟合效果来看,拟合的曲线与灰关联熵的散点图之间的变动趋势几乎重叠,拟合效果很好。从表7-12拟合度检验结果的各个指标来看,调整后的 R^2 (Adj. R-Square) 为0.89695,说明模型的拟合优度较好,F 值 (F Value) 非常大,为55692.16618,P 值 (Prob) 几乎为0,说明拟合的回归方程非常显著,整体上拟合效果比较显著。而对于表7-11中的拟合参数结果,各个结果的标准误非常小,可以认为拟合参数与总体参数的值非常接近,用拟合参数来推断总体参数的可靠度非常大。

为了应用拟合的参数进行尖点突变分析,需要将公式(7-3)转化为尖点突变模型,转化过程如下:

首先,令 $t=x-q$,则:

$$y = A_0 + A_1(x-q) + A_2(x-q)^2 + A_3(x-q)^3 + A_4(x-q)^4$$

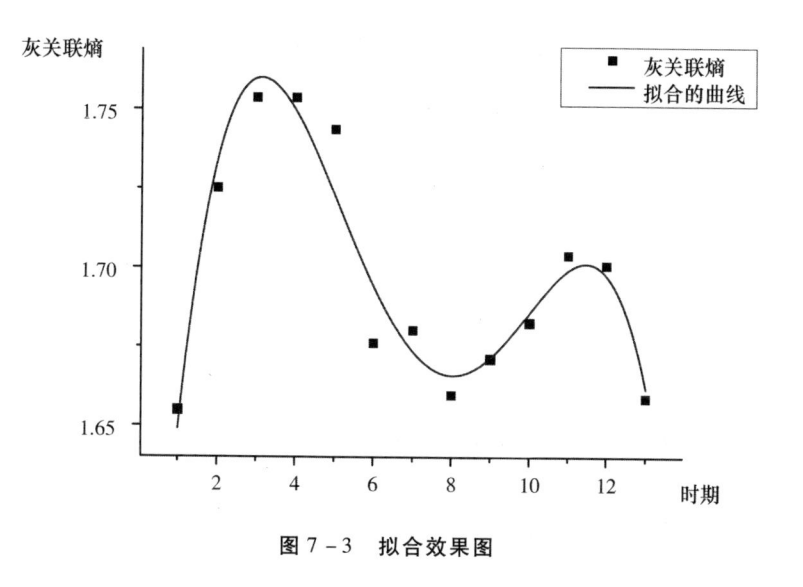

第七章　中国城乡居民收入差距扩大的制度系统实证分析

图 7-3　拟合效果图

上式经过整理后变为：

$$F(x) = d_0 + d_1 t + d_2 t^2 + d_3 t^3 + d_4 t^4 \tag{7-4}$$

其中，

$$\begin{bmatrix} d_0 \\ d_1 \\ d_2 \\ d_3 \\ d_4 \end{bmatrix} = \begin{bmatrix} q^4 & -q^3 & q^2 & -q & 1 \\ -4q^3 & 3q^2 & -2q & 1 & 0 \\ 6q^2 & -3q & 1 & 0 & 0 \\ -4q & 1 & 0 & 0 & 0 \\ 1 & 0 & 0 & 0 & 0 \end{bmatrix} \begin{bmatrix} A_4 \\ A_3 \\ A_2 \\ A_1 \\ A_0 \end{bmatrix}$$

为了消掉三次项，转化为尖点突变模型，使 $d_3 = 0$，令 $q = \dfrac{A_3}{4A_4}$。

最后，进一步进行变量代换，令 $V(x) = \dfrac{F(x)}{d_4}$ 就可以转化成为公式（4-18），即尖点突变模型。

对表 7-11 中拟合的参数结果按照上述转化过程进行变换，求出制度系统的尖点突变模型。

根据表 7-11 中的参数，可以计算出：

$$q = \frac{A_3}{4A_4} = \frac{0.00604}{-0.000200343 \times 4} = -7.537073918$$

所以公式（7-4）中的系数为：

$$\begin{bmatrix} d_0 \\ d_1 \\ d_2 \\ d_3 \\ d_4 \end{bmatrix} = \begin{bmatrix} q^4 & -q^3 & q^2 & -q & 1 \\ -4q^3 & 3q^2 & -2q & 1 & 0 \\ 6q^2 & -3q & 1 & 0 & 0 \\ -4q & 1 & 0 & 0 & 0 \\ 1 & 0 & 0 & 0 & 0 \end{bmatrix} \begin{bmatrix} A_4 \\ A_3 \\ A_2 \\ A_1 \\ A_0 \end{bmatrix} = \begin{bmatrix} 1.667374342 \\ -0.007167157 \\ 0.00703589 \\ 0 \\ -0.000200343 \end{bmatrix}$$

在将各系数分别乘以 $\frac{1}{d_4}$，得到：

$$\frac{1}{d_4} \times \begin{bmatrix} d_0 \\ d_1 \\ d_2 \\ d_3 \\ d_4 \end{bmatrix} = = \begin{bmatrix} -8322.6 \\ 35.77443 \\ -35.1192 \\ 0 \\ 1 \end{bmatrix}$$

由于

$$\frac{F(x)}{d_4} = x^4 + \frac{d_2}{d_4}x^2 + \frac{d_1}{d_4}x + \frac{d_0}{d_4}$$

所以在尖点突变模型的势函数 $V(x) = x^4 + ux^2 + vx$ 中
$u = -35.1192$
$v = 35.77443$

这样就能够求出尖点突变模型的稳定性判别式的值：
$\Delta = 8u^3 + 27v^2 = -311962$

此时 $\Delta < 0$，即处于图4-3中的阴影部分，平衡曲面方程（4-19）有三个不相等的实根，系统远离平衡状态，存在跨越分歧点集而发生突变的可能。

（二）按照收入来源构成的制度系统稳定性分析

对于城乡居民收入的差距还可以从居民收入的来源构成进行分析。居民收入按照收入来源可以分为工资性收入、经营性收入、财产性收入和转移性收入。选择1996—2010年农村和城镇居民收入的来源构成数据，继续应用制度系统的尖点突变模型，数据见表7-13所示。其中的收入是总收入，区别于表7-8中城乡居民的可支配收入。

表7-13　1996—2010年农村和城镇居民收入的来源构成

指标		全部年均收入（元）	工资性收入（元）	经营净收入（元）	财产性收入（元）	转移性收入（元）
1996年	农村	2806.73	450.84	2233.72	42.59	79.58
	城镇	4838.90	3895.60	123.30	119.00	701.00
1997年	农村	2977.20	514.56	2346.68	23.60	92.36
	城镇	5160.30	4042.70	179.20	132.50	805.90
1998年	农村	2995.48	573.56	2286.84	30.36	104.72
	城镇	5425.10	4143.70	199.30	142.10	940.00
1999年	农村	2987.44	630.25	2211.57	31.54	114.08
	城镇	5854.00	4206.00	221.20	133.60	1293.20
2000年	农村	3146.21	702.30	2251.28	45.04	147.59
	城镇	6295.91	4480.50	246.24	128.38	1440.78
2001年	农村	3306.92	771.9	2325.23	46.97	162.82
	城镇	6868.88	4829.86	274.05	134.62	1630.36
2002年	农村	3431.7	840.22	2380.51	52.5	158.4
	城镇	8177.4	5739.96	332.16	102.12	2003.16
2003年	农村	3582.4	918.4	2455	65.8	143.3
	城镇	9061.2	6410.2	403.8	135	2112.2
2004年	农村	4039.6	998.5	2804.5	76.6	160
	城镇	10128.5	7152.8	493.9	161.2	2320.7
2005年	农村	4631.2	1174.5	3164.4	88.5	203.8
	城镇	11320.8	7797.5	679.6	192.9	2650.7
2006年	农村	5025.1	1374.8	3310	100.5	239.8
	城镇	12719.2	8767.0	809.6	244.0	2898.7
2007年	农村	5791.1	1596.2	3776.7	128.2	290
	城镇	14908.6	10234.8	940.7	348.5	3384.6
2008年	农村	6700.7	1853.7	4302.1	148.1	396.8
	城镇	17067.8	11299.0	1453.6	387.0	3928.2
2009年	农村	7115.6	2061.3	4404	167.2	483.1
	城镇	18858.1	12382.1	1528.7	431.8	4515.5
2010年	农村	8119.51	2431.05	4937.48	202.25	548.74
	城镇	21033.42	13707.68	1713.51	520.33	5091.90

资料来源：1997—2011年《中国统计年鉴》、1997—2011年《中国农村住户调查年鉴》。

1. 制度系统的灰关联熵分析

首先根据第四章第二部分中关于灰关联熵的相关计算公式，依据来源构成的城乡居民收入计算灰关联熵。

表 7-14 各年灰关联系数

年份	工资性收入	经营净收入	财产性收入	转移性收入
1996	0.2047	0.1769	1.0000	0.6042
1997	0.2213	0.1863	1.0000	0.6107
1998	0.2249	0.1851	1.0000	0.5690
1999	0.2357	0.1812	1.0000	0.4726
2000	0.2266	0.1742	1.0000	0.4456
2001	0.2292	0.1734	1.0000	0.4304
2002	0.2270	0.1703	1.0000	0.4050
2003	0.2405	0.1719	1.0000	0.4246
2004	0.2247	0.1706	1.0000	0.4147
2005	0.2264	0.1694	1.0000	0.4026
2006	0.2241	0.1678	1.0000	0.4005
2007	0.2252	0.1684	1.0000	0.4039
2008	0.2254	0.1675	1.0000	0.3965
2009	0.2280	0.1676	1.0000	0.3875
2010	0.2305	0.1669	1.0000	0.3770

以每一年农村居民各类收入作为数列 X^*，以每一年城镇居民各类收入作为数列 Y^*，依据公式（4-7）对数列 X^* 和 Y^* 进行无量纲化，得到两个新数列 $X = (x_1, x_2, \cdots, x_{15})$ 和 $Y = (y_1, y_2, \cdots, y_{15})$。其中，角标 1 表示 1996 年，角标 2 表示 1997 年，以此类推，角标 15 表示 2010 年。

采用与前一部分相同的计算方法进行计算，计算过程中具体的各个数据在附录 3 中，表 7-14 仅是计算得到的灰关联系数结果。

根据已经通过计算得到的灰关联系数，利用公式（4-9）求出各个年份的灰关联熵，结果见表 7-15 所示。

第七章 中国城乡居民收入差距扩大的制度系统实证分析

表7-15 灰关联熵

年份	灰关联熵S	变化ΔS	年份	灰关联熵S	变化ΔS
1996	1.156804	—	2004	1.14703	-0.01022
1997	1.171786	0.014982	2005	1.144675	-0.00235
1998	1.171954	0.000168	2006	1.142318	-0.00236
1999	1.167861	-0.00409	2007	1.143571	0.001253
2000	1.15508	-0.01278	2008	1.141745	-0.00183
2001	1.154115	-0.00097	2009	1.141552	-0.00019
2002	1.146378	-0.00774	2010	1.139839	-0.00171
2003	1.157252	0.010874			

从表7-15中可以看出，灰色关联熵的变化ΔS在多数年份为负。为了更直观地看到灰关联熵的变动趋势，将表7-15中各年份的灰关联熵做成图7-4，从图7-4中可以看出灰关联熵的变动呈现出上升—下降—再上升—再下降的波动趋势，总体上呈现出下降趋势，表明农村与城镇之间基于四类收入来源的综合差距没有继续扩大，呈现出良性发展的状态。

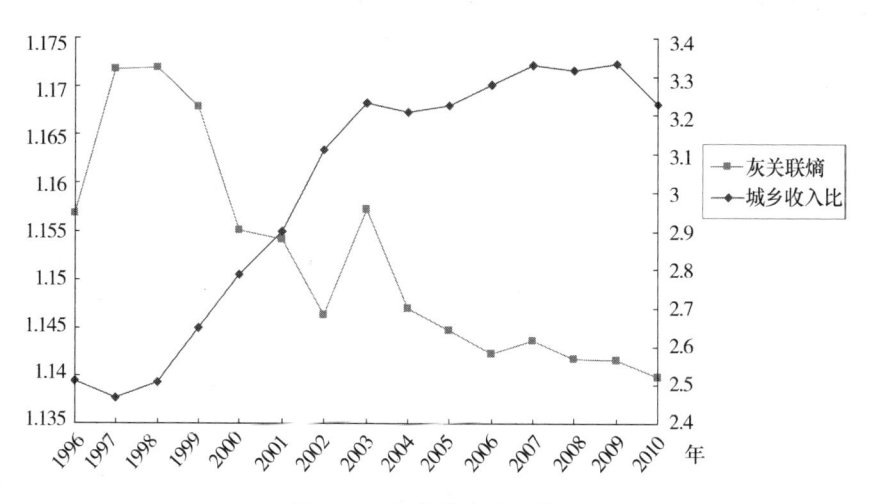

图7-4 灰色熵变动趋势图

与图7-4中城乡居民收入比的波动趋势相比较差别较大。一是比城乡居民收入比的波动更加剧烈。二是所呈现的态势相反，城乡居民收入比不断上升，而灰关联熵则在下降。当然，这并不是说城乡居民收入差距在缩小，而仅仅说明，扣除城乡间总收入绝对差距后，不同收入来源间的相对差距在逐步缩小。

2. 制度系统的尖点突变实证分析

将应用农村和城镇居民来源构成分类的总收入计算所得到的灰色熵应用尖点突变模型进行分析，继续探索当前制度系统的稳定性。

同样，将表7-15中的年份时间设为自变量t（以1996年为基准作为第1年，设$t=1$；1997年作为第2年，设$t=2$；以此类推，2010年$t=15$），将之前计算得到的表7-15中灰色熵设为y，仍然依据四次多项式公式（7-3）进行拟合，拟合过程采用Origin 9.0软件来进行，得到的结果见表7-17所示，拟合度检验的结果见表7-16所示。图7-5是拟合效果图，黑点是灰关联熵的散点图，其中的曲线正是通过拟合而得到的拟合结果曲线。

表7-16　　　　　　　　　　拟合度检验结果

指标	指标值
调整后的R^2	0.81305
F值	171150.43423
P值	0.0000
Reduced Chi-Sqr	0.0000232691

表7-17　　　　　　　　　　拟合参数结果

系数名称	系数值	标准误
A_0	1.14636	0.00984
A_1	0.01875	0.00792
A_2	-0.00498	0.00193
A_3	0.000430771	0.0001.78192
A_4	-0.0000123142	0.00000553278

第七章 中国城乡居民收入差距扩大的制度系统实证分析

从图 7-5 拟合效果图来看，拟合的曲线与灰关联熵的散点图之间的变动趋势几乎重叠，拟合效果很好。并且，从表 7-16 中拟合度检验的各个指标来看，调整后的 R^2（Adj. R-Square）为 0.81305，说明模型的拟合优度较好，F 值（F Value）非常大，为 171150.43423，P 值（Prob）几乎为 0，说明拟合的回归方程非常显著，整体上拟合效果比较显著。而对于表 7-17 中的拟合参数结果，各个结果的标准误非常小，可以认为拟合参数与总体参数的值非常接近，用拟合参数来推断总体参数的可靠度非常大。

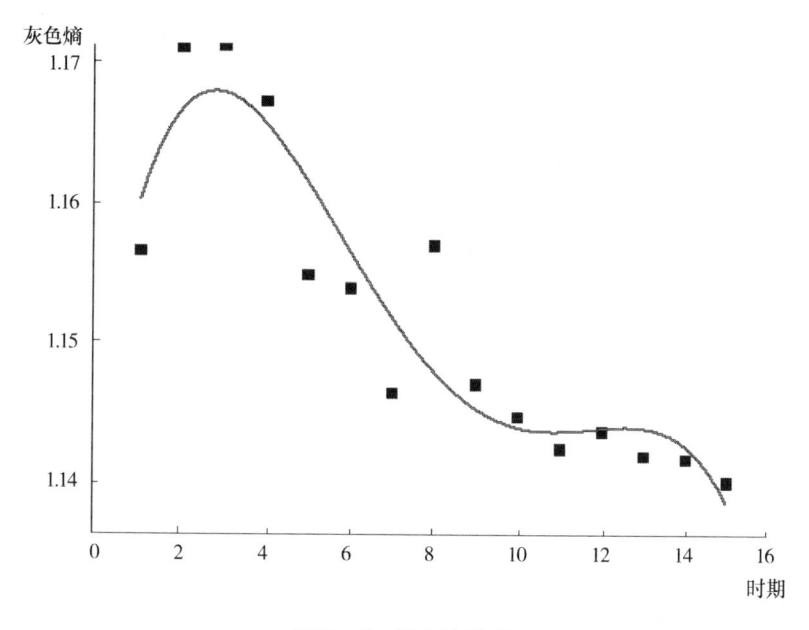

图 7-5 拟合效果图

对表 7-17 中拟合参数结果按照前一部分所归纳的转化过程进行变换，求出制度系统的尖点突变模型。

根据表 7-17 中的参数，可以计算出：

$$q = \frac{A_3}{4A_4} = \frac{0.000430771}{-0.0000123142 \times 4} = -8.745411801$$

所以公式（7-4）中的系数为：

$$\begin{bmatrix} d_0 \\ d_1 \\ d_2 \\ d_3 \\ d_4 \end{bmatrix} = \begin{bmatrix} q^4 & -q^3 & q^2 & -q & 1 \\ -4q^3 & 3q^2 & -2q & 1 & 0 \\ 6q^2 & -3q & 1 & 0 & 0 \\ -4q & 1 & 0 & 0 & 0 \\ 1 & 0 & 0 & 0 & 0 \end{bmatrix} \begin{bmatrix} A_4 \\ A_3 \\ A_2 \\ A_1 \\ A_0 \end{bmatrix} = \begin{bmatrix} 1.145551867 \\ -0.00246165 \\ 0.000670905 \\ 0 \\ -0.0000123142 \end{bmatrix}$$

在将各系数分别乘以 $\dfrac{1}{d_4}$，得到：

$$\frac{1}{d_4} \times \begin{bmatrix} d_0 \\ d_1 \\ d_2 \\ d_3 \\ d_4 \end{bmatrix} = = \begin{bmatrix} -93026.9012 \\ 199.9033826 \\ -54.4821978 \\ 0 \\ 1 \end{bmatrix}$$

由于

$$\frac{F(x)}{d_4} = x^4 + \frac{d_2}{d_4}x^2 + \frac{d_1}{d_4}x + \frac{d_0}{d_4}$$

所以在尖点突变模型的势函数 $V(x) = x^4 + ux^2 + vx$ 中，

$u = -54.4821978$

$v = 199.9033826$

这样就能够求出尖点突变模型的稳定性判别式的值：

$\Delta = 8u^3 + 27v^2 = -214803.585$

此时 $\Delta < 0$，即处于图4－4中的阴影部分，平衡曲面方程（4－19）有三个不相等实根，系统远离平衡状态，存在跨越分歧点集而发生突变的可能。

三 实证结果分析

尽管从两个灰关联熵的演变趋势上看，系统似乎呈现出较为良性的发展态势，但是根据尖点突变模型的稳定性判别式来判断，$\Delta < 0$，系统远离平衡状态，处于不稳定区域，存在发生突变的可能。一旦发生突变，原来较为良性发展的态势将会发生逆转，两个灰关联熵都将会出现剧变，城乡差距将会剧增，社会矛盾将会更加尖锐。

第七章　中国城乡居民收入差距扩大的制度系统实证分析

可以看出，当前的制度系统从六个省份农村与城镇之间收入的整体综合差距以及从农村和城市之间收入来源的差距都能够看出，制度系统已经处于不稳定的非平衡状态，改革势在必行。

进一步可以通过对灰关联熵和灰关联系数的分析寻找出现这种情况的原因。

（一）按照收入来源构成的制度系统实证结果分析

1. 灰关联熵的结果分析

灰关联熵能够反映农村与城镇之间在四类收入来源上的综合差距，而灰关联熵增加则反映出系统没有向良性方向发展，相反，灰色关联熵下降则反映出系统向良性方向发展。

表7-18　　　　　四类收入的|P*lnP|值表

年份	工资性收入	经营性净收入	财产性收入	转移性收入	灰关联熵
1996	0.2340	0.2151	0.3458	0.3619	1.156804
1997	0.2422	0.2198	0.3481	0.3617	1.171786
1998	0.2471	0.2215	0.3450	0.3583	1.171954
1999	0.2596	0.2248	0.3368	0.3466	1.167861
2000	0.2572	0.2224	0.3325	0.3429	1.155080
2001	0.2602	0.2233	0.3302	0.3404	1.154115
2002	0.2611	0.2231	0.3265	0.3356	1.146378
2003	0.2660	0.2215	0.3314	0.3384	1.157252
2004	0.2590	0.2226	0.3278	0.3376	1.147030
2005	0.2607	0.2224	0.3265	0.3349	1.144675
2006	0.2601	0.2219	0.3253	0.3350	1.142318
2007	0.2600	0.2217	0.3265	0.3353	1.143571
2008	0.2609	0.2217	0.3253	0.3339	1.141745
2009	0.2632	0.2225	0.3239	0.3319	1.141552
2010	0.2652	0.2224	0.3231	0.3291	1.139839

图 7-4 是利用计算得到的四类收入的灰关联熵做出的走势图，从图 7-4 中可以看出，灰关联熵从 1996—1997 年出现短暂上升之后，1998 年开始进入下降通道。而灰关联熵的变动主要受到四类收入的 |P*lnP| 值变动的影响，可以通过对 |P*lnP| 值的分析来判断灰关联熵的变动原因。四类收入的 |P*lnP| 值见表 7-18 所示，为了能够更直观地看出其走势，做成的走势图（见图 7-6 所示）。

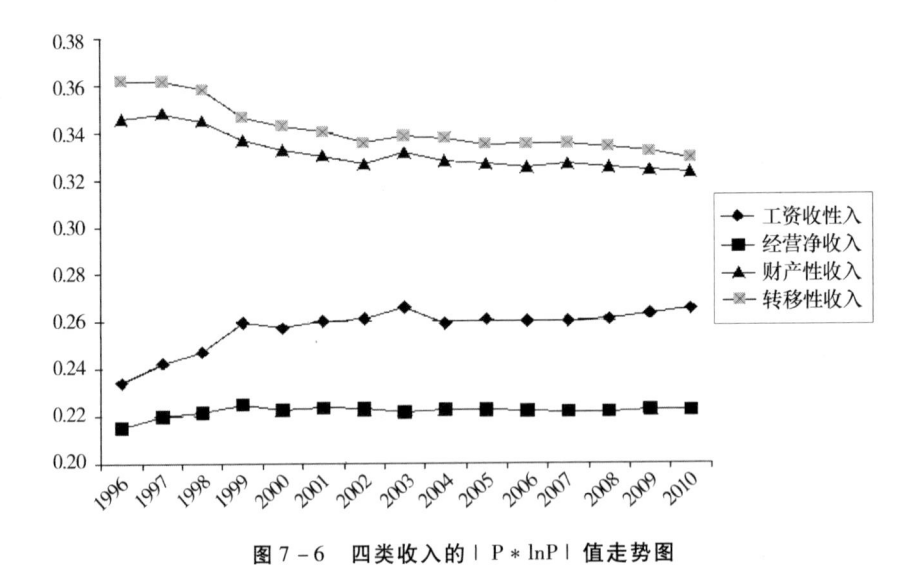

图 7-6 四类收入的 |P*lnP| 值走势图

从图 7-6 可以看出，工资性收入的 |P*lnP| 值呈现出一直上涨的趋势，经营性收入的 |P*lnP| 值则是略有上涨，基本持平，而财产性收入和转移性收入的 |P*lnP| 值与灰关联熵一致，都呈下降趋势，可以说明灰关联熵的下降趋势主要得益于这两类收入。

财产性收入的 |P*lnP| 值从 0.3458 略有上升之后一路下跌至 0.3231，整体趋势与灰关联熵的变动趋势基本一致。从前面可以看到，尽管财产性收入的相对差距略有下降，但是灰关联系数始终为 1，因而其 |P*lnP| 值下降的原因并不是完全因为自身，从计算过程来看，很大的原因是其他类收入的灰关联系数的下降，相比之下，

第七章 中国城乡居民收入差距扩大的制度系统实证分析

原地踏步也成为事实上的上升,从而使得计算得到的 P 值上升,结合图 7-7 所展示的函数 $y=|P*\ln P|$ 的图像,当 $1/e<P<1$ 时,$|P*\ln P|$ 值单调递减,即 $|P*\ln P|$ 值不断下降。

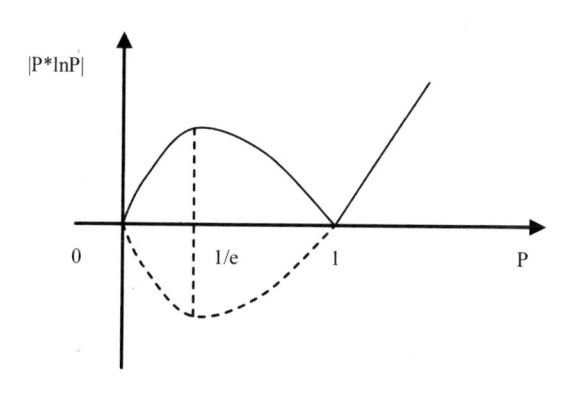

图 7-7 函数 $y=|P*\ln P|$ 的图像

转移性收入的 $|P*\ln P|$ 值从 0.3619 下降到 0.3291,下降趋势与财产性收入的趋势和灰关联熵的变动趋势基本一致,下降幅度大于财产性收入。原因仍然与其灰关联系数有关。转移性收入的灰关联系数从最初的 0.6042 逐步下降为 0.3770,下降幅度非常大,从而使得 P 值也在下降。根据函数 $y=|P*\ln P|$ 的图像,在 $0<P<1/e$ 时,$|P*\ln P|$ 值单调递增,即当 P 值不断下降时,其 $|P*\ln P|$ 值则不断下降。

经营性收入的 $|P*\ln P|$ 值的变动是从 0.2151 略微增长到 0.2224,变动幅度很小,其原因同样是由于灰关联系数的变动。根据 P 值的计算方法可以看出,一方面经营性收入的灰关联系数是最小的,因而对 P 值变动的影响也较小;另一方面,远小于转移性收入的灰关联系数的下降幅度也掩盖了经营性收入的变动,这都导致 P 值的变动幅度很小,从而使得 $|P*\ln P|$ 值的变动也不明显。

与灰关联熵的变动差异最大的是工资性收入的 $|P*\ln P|$ 值,从 0.2340 涨到 0.2652,变动幅度比较大,并且与灰关联熵的变动趋势正好相反。原因仍然是灰关联系数的变动。一方面,灰关联系数尽管

变动幅度不大，但是由于转移性收入的灰关联系数的大幅下降，使得计算得到的 P 值上升，同样，根据函数 y = ｜P * lnP｜的图像，在 0 < P < 1/e 时，｜P * lnP｜值单调递增，即当 P 值不断上升时，其 ｜P * lnP｜值也不断上升。

2. 灰关联系数的结果分析

各类收入的｜P * lnP｜值变动主要是由于各自灰关联系数的变动，因而需要进一步对灰关联系数进行分析。

灰关联系数能够反映某一年农村和城镇之间所对应的那类收入的相对差距，这种相对差距是城乡之间该类收入相对于四类收入的平均收入，是扣除城乡间总收入绝对差距后的比较。灰关联系数为 1，则说明这类收入是该年份城镇和农村相对差距最小的一类，也是其他几类收入比较差距大小的参考和标杆。灰关联系数越大，该年份所对应的那一类收入在农村和城镇之间差距越接近最小的那类收入的差距，即说明差距越小。从表 7 - 14 的灰关联系数中可以看出，财产性收入在所有年份的灰色关联系数都为 1，反映农村和城镇之间居民财产性收入的相对差距在所有年份上都是最小的，这么小的差距并不是农村居民的财产性收入和城镇居民的财产性收入很接近，而是取决于这两个方面：一是将差距最小的作为参考差距，计算其他三类收入的差距与这个差距的关联程度，这也使得所有年份的灰关联系数始终为 1；二是农村居民和城镇居民的财产性收入都比较低，在计算灰关联系数的过程中用到了四类收入的平均数，农村和城镇居民的财产性收入与四类收入的平均数的比值，都不到 0.1，如果跟总收入比，其比重会更低，这两个比值之差的绝对值肯定一直是最小值。

而经营性收入的所有年份灰关联系数最小，反映农村和城镇之间的经营性收入的相对差距最大，当然这是相对差距。灰关联系数最小，相对差距大的很重要一个原因在于计算过程。在所有年份下农村的经营性收入都高于城镇，这也是农村的特点所致，农村家庭的主要收入是农产品的销售所得，而这部分收入都被计入家庭经营性收入，这也导致农村的经营性收入与四类收入的平均数的比值非常大，而与之相对应，城镇居民的经营性收入较低，与四类收入平均数的比值非

第七章 中国城乡居民收入差距扩大的制度系统实证分析

常小,以至于二者的差距更大,从而计算出的灰关联系数是最小的。从变动上来看,尽管经营性收入的灰关联系数略有下降,变动不大,但城乡之间的相对差距确是在逐步缩小,反映出城镇居民的经营性收入在不断追赶农村居民,农村居民在其他收入没有被缩小的情况下,经营性收入方面的优势被逐步缩小。因而应该在不限制城镇居民经营的前提下,逐步保障农村居民经营性收入的优势。

转移性收入的灰关联系数的大小在四类收入中排在第二位。在计算中同样采用了农村和城镇的转移性收入与各自四类收入的平均数比值的差距作为二者的相对差距,但是由于转移性收入跟财产性收入类似,整体水平都比较低,因而与四类收入平均数的比值也比较小,农村在0.2以内,城镇在0.6左右,因而相对差距与财产性收入最为接近,所以求出来的灰关联系数也是最接近1的一类,转移性收入差距并不严重。但是转移性收入却是灰关联系数中变化最大的,从最初的0.6042逐步下降为0.3770,很明显,农村和城镇之间转移性收入差距越来越大。一方面是由于财产性收入的相对差距作为被比较数列在逐步缩小,逆水行舟不进则退,这也是很多年份转移性收入的相对差距并没有明显扩大而灰关联系数却下降的原因,也是反映差距扩大的重要因素。另一方面确实是由于绝对差距的扩大,农村的转移性收入从1996年的79.58元增长到2010年的548.74元,增长不到7倍,而城镇的转移性收入则从1996年的701元增长到2010年的5091.90元,增长超过了7倍,其中,1996年到2002年,农村从79.58元涨到158.4元,增长2倍,城镇从701元涨到2003.16元,增长接近3倍,远快于农村。因此,应该逐步增加对农村居民的转移性收入,逐步向城镇看齐。

工资性收入的灰关联系数仅高于经营性收入,而其绝对差距是最大的一类。这也是其灰关联系数较低的根本原因。但是由于计算的是相对差距,城镇的工资性收入是最高的一类,而农村也是次高的一类收入,整体的相对差距小于经营性收入的相对差距,因而工资性收入的灰关联系数低于经营性收入而高于其他。从灰关联系数变动上来看,除了个别年份外,变动不是太大,大体在0.23左右,说明城乡间工资性收入差距较为稳定,但却维持在较大的差距水平上,如果能够将此差距缩小,城乡间的绝对差距、相对差距都将明显缩小,因而这才是缩小城乡居民收入差距的重点所在。

(二) 城乡可支配收入制度系统实证结果分析

1. 灰关联熵分析

图7-8是利用计算得到的六省城乡可支配收入的灰关联熵做出的走势图,从图7-8可以看出,灰关联熵的变动可以分成四个阶段:从1998年到2000年的三年间出现快速上升,之后,从2001年开始迅速下降,在2005年又出现反弹,到2008年则继续下降,这表明六省整体的城乡居民收入差距经历了缩小—扩大—缩小——扩大的变动。灰关联熵的变动主要受到六省收入的 $|P*\ln P|$ 值变动的影响,可以通过对 $|P*\ln P|$ 值的分析来判断灰关联熵的变动原因。六省收入的 $|P*\ln P|$ 值见表7-19所示,为了便于更直观地看出其走势,做出其走势图(见图7-8)。

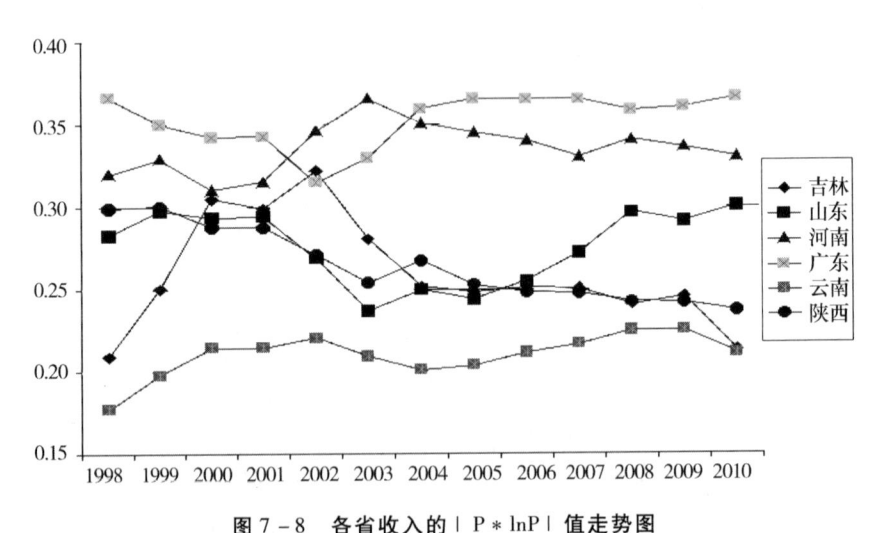

图7-8 各省收入的 $|P*\ln P|$ 值走势图

从图7-8中可以看出,与灰关联熵第一阶段上升的走势一致的是吉林和云南,吉林的 $|P*\ln P|$ 值在最初三年里从0.2090很快涨

到 0.3046，云南则从 0.1770 涨到 0.2144，原因是各自的灰关联系数在这段时间里都出现了增长，吉林从 0.2505 涨到 0.7275，云南从 0.1913 涨到 0.3685，P 值上涨，从而导致 |P*lnP| 值上升。而其他几个省份只是在第一年出现了上涨，之后便开始下跌，存在时滞。

表 7-19　　　　　各省收入的 |P*lnP| 值表

年份	吉林	山东	河南	广东	云南	陕西	灰关联熵
1998	0.2090	0.2830	0.3200	0.3666	0.1770	0.2992	1.654885
1999	0.2502	0.2977	0.3290	0.3502	0.1977	0.3003	1.725160
2000	0.3046	0.2938	0.3106	0.3424	0.2144	0.2878	1.753689
2001	0.2990	0.2945	0.3151	0.3429	0.2144	0.2877	1.753692
2002	0.3221	0.2691	0.3461	0.3150	0.2204	0.2709	1.743660
2003	0.2805	0.2368	0.3660	0.3297	0.2093	0.2539	1.676139
2004	0.2515	0.2498	0.3507	0.3597	0.2011	0.2673	1.680195
2005	0.2483	0.2437	0.3452	0.3657	0.2039	0.2528	1.659756
2006	0.2509	0.2551	0.3401	0.3655	0.2115	0.2481	1.671228
2007	0.2503	0.2724	0.3304	0.3655	0.2166	0.2476	1.682688
2008	0.2408	0.2969	0.3406	0.3585	0.2249	0.2423	1.704080
2009	0.2456	0.2915	0.3361	0.3607	0.2252	0.2419	1.700916
2010	0.2132	0.3006	0.3304	0.3664	0.2113	0.2369	1.658815

与第二阶段下降走势一致的是吉林、云南、陕西、山东和广东。这些省份的相对差距都出现了一定程度的缩小。吉林在短暂上升到 0.3221 之后持续下跌，一直跌至 2010 年的 0.2132；云南走势接近，短暂上升至 0.2204 之后也一直下跌，但是在第三阶段又重拾升势。而其他几个省都是延续之前的下降趋势，都对灰关联熵的变动产生了正向的影响。唯一不一致的是河南，其 |P*lnP| 值不断上升表明，城乡居民收入差距继续扩大的原因同样可归结为灰关联系数的变动。

与第三阶段上升走势一致的是山东和云南。山东从 2003 年 0.2368 开始一直上涨，并且在第四阶段仍然上涨，说明山东的城乡居民收入相对差距不断缩小，而从灰关联系数上也能体现出

来。云南 | P * lnP | 值的变动节点基本上与灰关联熵一致,从 2004 年的最低点 0.2011 开始增长,增长原因同样是灰关联系数的增长。

与第四阶段走势一致的是吉林和云南。吉林延续了第二阶段的下降趋势,而云南的变动节点又基本上与灰关联熵一致。

从整体上来看,与灰关联熵变动最为一致的是云南,而最不一致的是河南,因而在制度性政策的调整上,最应该侧重于有利于这两个省的方向。

2. 灰关联系数分析

这里进一步对灰关联系数进行分析。灰关联系数越大,说明相应省份农村和城镇之间居民可支配收入的差距越小。表 7-9 中的灰关联系数能够反映某一年该省农村和城镇之间居民可支配收入的相对差距,这个相对差距是该省相对于六个省平均收入的差距,是扣除了六个省城镇和农村的平均收入之后的相对差距。

可以看出,广东省在大多数年份的灰色关联系数为 1,反映了广东省农村和城镇之间居民可支配收入的相对差距在这几个省份中最小,并且灰关联系数为 1 的年份的相对差距成为计算其他省份相对差距的参照。广东城镇和农村居民可支配收入都是最高的,并且从六省平均收入的相对收入上看,农村的相对收入还要高于城镇,一方面由于广东农村绝对收入很高,另一方面其他省份的农村收入太低,导致六省平均数太低,相对收入因而较高。

灰关联系数波动最大的是吉林省,其最大值为 2002 年的 0.8057,最小值为 1998 年的 0.2505,而 2010 年为 0.2609,城乡间差距呈现出短期缩小之后逐步拉大的态势。与广东一样,吉林农村的相对收入高于城镇相对收入,而吉林最初几年收入差距的缩小则是由于农村相对收入下降而城镇相对收入上升,说明吉林农村收入在这几年里落后于其他省份。而之后差距的扩大则同样因为农村相对收入的恢复上涨,再次超过了平均数,在城镇相对收入不如东部高的情况下,灰关联系数不断下降,但事实上,这种状况反映的却是城乡绝对差距的缩小。

第七章 中国城乡居民收入差距扩大的制度系统实证分析

山东的灰关联系数也出现了较明显的波动，经历了增长—下降—增长的过程。山东农村的相对收入也高于城镇的相对收入，一方面因为农村的平均收入较低，山东又是农村居民收入较高的省份，其相对收入也较高；另一方面城镇收入水平并不突出，只是略高于六省平均水平。河南也是农村相对收入高于城镇的省份，这些省份的灰关联系数上涨都表明，农村收入增长落后于城镇，绝对差距扩大，而灰关联系数下降则表明城乡间绝对差距下降了。

云南省几乎都是灰关联系数最小的省份，反映该省农村和城镇之间的相对差距最大。一方面是由于城乡之间的绝对差距较大，农村收入在六省中多数年份排倒数第一，而城镇收入排名靠前，甚至在2000年之前高于山东，仅次于广东；另一方面是相对差距非常大，农村收入低于六省平均，而城镇收入高于六省平均。从动态上看，云南的灰关联系数呈现出先扩大后缩小的趋势，这表明，城乡相对差距最初不断缩小，很重要的原因是其他省份城镇收入的快速增长导致云南城镇相对收入下降。但是后来又逐步扩大，这是由于作为参照的广东差距的缩小，对应出云南城乡相对收入差距的扩大。云南的城乡居民收入差距始终在高位运行，凸显出其缩小城乡居民收入差距的难点和重点，而云南代表着所有的西部省区。与云南类似的陕西同样也是西部省份，其灰关联系数也呈现出先扩大后缩小的态势，城乡居民收入差距不管是绝对差距还是相对差距都非常明显。

从整体上看，云南和陕西都是农村相对收入低于城镇，灰关联系数上升意味着城乡绝对差距缩小，而其他省份都是农村相对收入高于城镇，灰关联系数上升意味着城乡绝对差距扩大。

据本章的分析，可以提出更有针对性地加快缩小中国城乡居民收入差距制度的改革思路。

第八章

加快缩小中国城乡居民收入差距的制度改革思路

制度改革是一种从根本上解决由于制度所导致问题的方式，不能仅仅从引发问题的原因本身去思考，制度改革作为制度系统演化过程中的一种人为因素，需要综合考虑作为复杂系统的制度，对其的改革将会受到制度系统中其他制度安排的影响，制度系统在向系统目标的演进过程中，会存在一些特定的特征。只有进行综合考虑，制定出符合制度系统规律的制度改革才能更好地实现制度目标。前面几章对制度系统进行了特征分析、logistics 模型分析和尖点突变模型分析，本部分将在这些分析结果以及追溯分析的基础上提出相应的基于制度系统角度的改革思路，主要从宏观层面和实践层面提出。宏观层面的改革思路包括了四个方面，即制度系统特征分析、制度系统影响机制分析、制度系统的 Logistics 分析和制度系统突变分析，而实践层面的改革思路则是在对制度系统突变分析和灰关联熵分析结果的追溯分析基础上提出的。

一 宏观层面的制度整体改革思路

在全书所进行的相关分析基础上提出了宏观层面的制度改革思路，包括四个方面，分别对应于制度系统特征分析、制度系统影响机制分析、制度系统的 Logistics 分析和制度系统突变分析。

（一）遵循制度系统特征规律

目前，中国的城乡居民收入差距、基尼系数都不断上升，已经远

第八章 加快缩小中国城乡居民收入差距的制度改革思路

远超过国际警戒线,而人均 GDP 增长率出现回落,反映出有序性下降,无序性上升,制度系统逐渐趋向稳定态,因此应该遵循制度系统特征规律进行制度改革,解决公平问题,降低目前制度系统的无序性。

1. 制度系统具有非可逆性,制度系统熵的单调增加是不可逆的,即无序性在不改变制度系统目标的情况下只能增加,不可能降低,因而改变制度系统目标是降低城乡居民收入差距,解决社会公平问题的根本途径。只有将制度系统的目标从效率变为公平,从公平程度增加变为有序性,才可以将原来的城乡居民收入差距和基尼系数的上升趋势改变为下降趋势。

2. 改革的路径选择应该慎重。目前已经趋近于图 3-1 中的 C 点,合理的改革应该使制度路径 CD 的斜率大于原来的斜率,这样才会保证公平程度上升的速度高于效率下降的速度。因此,在确定改革方向的前提下,需要优化改革,使得改革所推进的制度系统的演化路径保持合理。

(二) 对制度进行全面改革

城乡居民收入差距是在制度系统多因素共同影响下演化的结果,也就是受到现实中众多具体制度安排的共同影响。例如户籍制度,户籍观念已经深入人心,对人们产生了巨大的影响,尽管饱受指责,但是北京户口仍让人趋之若鹜。户籍制度尽管是人为设计而成的,但是经过几十年的应用已经深入人的意识形态层面,甚至政府的管理也是如此,政府的若干政策依附于户籍制度,其根本是在政策制定过程中受到了户籍制度的影响,教育制度、社保制度、农村土地制度等,甚至于市场领域的购买住房、阶梯式水价都跟户口挂钩,例如,2011 年公布的《关于潍坊市城区居民生活用水实施阶梯式水价的通知》规定:对于居民基本生活用水量的水量基数,按家庭常住人口(以户口本为准)和每人每月用水量 3.3 立方米核定。与其认为这些制度是政府管理的路径依赖,不如说是政府的意识形态受到户籍制度的影响,可以说,户籍制度已经深入人的意识形态之中。如果仅仅简单地改革户籍制度，那依附于户籍制度的其他制度和意识形态必将会让原有的户籍制度仍然起效，细小的改革会被制度系统的自稳定机制所消化，要想达到缩小城乡居民收入差距的目的，就必须对制度进行全面改革，从根本上改变演化路径。

（三）保持制度系统的开放性

耗散结构为普里戈金所提出，认为当系统离开平衡态的参数达到一定阈值时，系统将会出现"行为临界点"，在越过这个临界点后，系统将离开原来的热力学无序分支，发生突变而进入一个全新的稳定有序状态；若将系统推向离平衡态更远的地方，系统可能会演化出更多新的稳定有序结构。普里戈金将这类稳定的有序结构称作"耗散结构"，并在这个概念的基础上提出了远离平衡态的非线性非平衡态的耗散结构理论。

通过 logistics 模型分析可以看出，当前制度系统的均衡点处于图 7-1 中的 P 点位置上，当前的制度系统远离平衡点，符合构建耗散结构的四个基本条件之一。对于当前制度系统来说，必须构建和保持耗散结构，否则将向均衡点演化，导致城乡居民收入差距进一步扩大。制度系统保持耗散结构必须符合四个条件：系统必须是开放的；系统必须是远离平衡状态的；系统中物质、能量流的关系是非线性的；系统中存在涨落。一般来说，耗散结构的这些条件其实在大部分情况下都会存在，而其中很重要的一个就是系统必须是开放的，即系统必须与外界进行物质、能量的交换。封闭系统下衡量系统无序性的熵如同热力学第二定律所说，单调增加，最终达到熵最大的平衡态，而不可能自发实现对称性破缺，因此只有在能够与外界进行物质、能量交换的开放系统下，才能不断吸收能量，产生自发的对称性破缺，从而进入耗散结构，开放是耗散结构的必要条件。

而制度改革需要保证制度系统的耗散结构特性，最主要的是要保证开放性，能够与外界进行物质、能量的交换。对于制度系统来说，开放就是制度应该为适应社会发展的需要，而不断进行相应的调整，以满足社会发展的要求，符合社会发展的需要，而不至于成为羁绊。

当然，由各种法律法规所构成的制度系统也在不断进行一系列的调整，每年都有一些法律法规被废止，同时也会出台一系列新的法律法规，并且会对一些法律法规进行修正，以适应社会不断发展的需要，例如2006年1月1日废止了《农业税条例》，2012年底颁布了从2013年1月1日开始执行的《国务院关于修改和废止部分行政法规的决定》，同时修改了5件行政法规的部分条款，废止了5件行政法规。

这些都能够体现出制度系统的开放性，但是这仍然不够，对于户籍制度、土地制度的改革呼声十分强烈，但是改革依旧步履维艰，这也反映了开放性的不完全。

要让实现以缩小城乡居民收入差距、实现社会公平为目标的制度系统保持开放性，就需要不断废止那些导致城乡隔离的法律法规，实现全面改革，做到彻底、完全的开放性。

（四）加快原有制度系统的转变

制度系统存在涨落。通过尖点突变分析，根据尖点突变模型的稳定性判别式来判断当前系统的稳定性，如果$\Delta > 0$，制度系统处于稳定状态，将很难形成耗散结构，一般的涨落将会被其自稳定机制所消散，起不到应有效果，达不到预期目标。如果$\Delta < 0$，制度系统处于不稳定状态，存在发生突变的可能，突变后会远离平衡状态从而形成耗散结构。而制度系统中存在涨落，某一次涨落可能就会导致突变。虽然涨落是偶然的、杂乱无章的、随机的，但是也可能通过人为的制度改革来引起涨落，从而促成突变。当前的制度系统处于易发生突变形成耗散结构的状态下，需要通过有效的改革，促使涨落的发生，引发突变，形成耗散结构，从而使城乡居民的收入差距进入一个合理的区间。

综合而言，以缩小城乡居民收入差距为目标的制度系统的改革思路应该侧重于以下两方面：

第一，对存在众多联系的相关制度进行全面改革，从而可以避免系统自稳定机制的消散，这样才会提高改革效果。

第二，进行的改革要能够促成制度系统的转变，从而使制度系统由一种状态转变到另一种状态，实现从较大的城乡居民收入差距状态到较小的城乡居民收入差距状态的转变。

二 实践层面的制度改革思路

实践层面的改革思路较为具体，是缩小中国城乡居民收入差距的制度改革重点，主要是在对灰关联熵和灰关联系数结果的进一步追溯分析基础上提出来的。

（一）继续保持农村居民经营性收入的相对优势

农村居民的经营性收入主要指通过经营家庭承包的土地而获得实物和货币收入，是农村居民的主要收入来源。因而在不限制城镇居民经营的前提下，只有保证农村居民经营性收入增长趋势和相对优势超过城镇，才能实现缩小城乡居民的收入差距。而影响农村经营性收入的主要制度包括支持农村基础设施建设的财政支出制度、农村金融制度和农产品定价制度。

第一，加大对农村的道路交通、水利、农产品批发市场等基础设施的建设支出。尤其是对偏远落后地区而言，道路交通水利设施等尤其重要。水利设施的建设能够稳定或者提高农业的生产能力，保证农业产出，才能够保证农村居民的经营性收入。而农产品流通的通畅与否则是建立在道路交通和农产品市场条件等基础上的，因而为实现农产品的顺利销售，兑现收益，就必须加大相关基础设施建设。而这些基础设施建设靠本地区农村居民自身很难完成，必须依靠相关制度的支持来实现，农业机械化的推广也是如此，仍然需要相关制度的扶持。

（1）必须加大财政预算中支农支出的比重。中国财政预算中支农支出尽管绝对规模不断上升，但是支农支出占总财政支出的比重却仍然在10%以下。2010年，中国支农支出占总财政支出的比重为9.2%，而美国却达到了15.8%，可以看出，中国在财政支农支出方

第八章 加快缩小中国城乡居民收入差距的制度改革思路

面的差距和空间。必须完善财政支农的制度体系，规定在各个领域的资金投入方向和目标，同时确保制度政策的执行力，保证农民经营性收入的增长，而不能随心所欲地确定在某些领域投入的增减。

（2）完善农业政策性金融体制。财政资金是有限的，农业的发展和农民增收完全依赖于财政也是不现实的，因而必须引入适当的融资机制。但是在金融资源完全由市场配置的条件下，金融资源必将流向那些最能带来增值效应的地区和行业。2007年，农业银行、信用社、邮政储蓄等金融机构在县域吸收的储蓄存款总额在12万亿以上，当年全部涉农贷款在5万亿左右，估算下来，农村资金外流规模大约为7万亿左右，[150]甚至比涉农贷款还高。商业融资渠道无法满足农业的融资需求，因此农业必须完善农业政策性金融制度。主要思路包括三个：完善农业政策性金融组织体系，更加便捷地满足农村居民农业发展的融资需求；通过制度安排，保证农业政策性资金筹集机制；对农业政策性金融机构的政策优惠与保护，包括减免税收、资金注入、利息补贴等。

第二，农产品定价制度的完善。

农村居民以农业产出为主要获取收入依据，农产品数量和价格是影响农村居民收入的重要原因。农产品价格受多方面因素的影响，包括国内市场供求的影响、国际市场影响以及政府调控等因素，而农民作为农产品的主要供给方，由于家庭联产承包责任制下的分散经营，导致农民在价格谈判中处于弱势地位，几乎没有什么话语权，只能被动地承受农产品价格风险。促进农民收入增加的一个重要方面就是降低农村居民的农产品价格风险，制度改革思路主要包括：

（1）推动农产品期货市场的发展与推广。农产品期货是最早出现的期货品种，期货交易能够为现货市场提供规避价格风险的手段。通过在期货市场上买进或卖出与现货市场上数量相等、交易相反的期货合约，将两个市场交易的损益抵消，从而锁定价格，保住既定利润，规避价格风险。一是要发展和完善农产品市场。加强农产品期货市场的制度建设，使期货市场具有高度流动性、低成本和高效率，同时不断开发新品种，完善新品种的上市机制。二是要推动农产品期货市场的推广。绝大多数国家的多数农民都不是直接参与农产品期货交易的，而是借助于各种中介组织，中国农民的分散化经营，需要提高农民的组织化程度，鼓励相关中介组织的设立，引导农民参与期货交易，能够更好地规避价格风险。[151]

(2) 订单农业的制度保证与机制。订单农业与农产品期货类似，都是将农产品的数量质量和价格等利用合约方式确定下来，以使其能够规避价格风险。而不同之处是订单农业的合约更加灵活、农产品范围更加广泛，但是与期货相比容易出现违约现象，而且一旦出现违约，只能通过法律途径解决，会耗费较大的时间成本和费用。因而对于订单农业，一方面需要积极推广，促进农民和相关农业企业的广泛参与；另一方面则要构建违约的事前监督机制，尽量避免违约发生。

(3) 完善农产品目标价格制度。目标价格制度是在市场形成农产品价格的基础上，通过差价补贴来保护生产者利益的一项农业支持政策。生产者按市场价格出售农产品。当市场价格低于目标价格时，国家根据目标价格与市场价格的差价和种植面积、产量或销售量等因素，对试点地区的生产者给予补贴；当市场价格高于目标价格时，国家不发放补贴。中国对很多农产品实施的是最低价格保护制度，由政府定价来替代市场定价，扰乱了正常的定价机制，而目标价格制度仍然以市场定价机制为主。所以应该从目前的最低价格保护制度逐步转向农产品目标价格制度。

(二) 逐步增加农村居民的工资性收入

农村居民的工资性收入增长迅速，在一些地方已经超过经营性收入，成为农村居民收入来源中占首位的一类收入，因而提高农村居民的工资性收入成为缩小城乡居民收入差距的一个重要保证。工资性收入来源于两个方面：一是到周围区域就业；二是到外地就业。对这两方面产生影响的主要是户籍制度、工作和就业机会。

1. 全面放开户籍制度，取消所有与户籍制度相关联的政策限制，使城乡居民具有同等的工作就业机会。尤其是到外地就业的农村居

第八章 加快缩小中国城乡居民收入差距的制度改革思路

民，受到很多户籍制度方面的限制，也阻碍了农村居民成为城市居民。既影响了城市化进程，又堵住了通过人口流动迁徙，实现农村和城市劳动效率趋近的渠道；并且，在人口管理制度中户籍制度是其他社会制度的基础和依据，[152]与就业、医疗、住房、教育等多项社会福利待遇紧密相关。户籍制度改革并不是简单的农业户口和非农业户口的差异取消，使其变为居民户口这么简单，而应该将所有以原来户籍制度为依据的条条框框全部取消，建立一个通畅的乡城自由迁徙的通道，使异地就业、城市就业的农村居民不再受到限制和歧视，具有相同的工作机会，同工同酬，这必将会提高整体收入水平，缩小城乡居民收入差距，也会推进城市化进程。

2. 鼓励和扶持农村地区二、三产业的发展。通过设立农村工业园区，鼓励产业聚集，以及小城镇建设，为农村居民在农村附近提供获得工资性收入的就业机会，增加农村居民的收入。

（三）增加农村社会保障，提高转移性收入

财政的转移性支出具有调节收入分配的功能，随着城乡居民收入差距的不断扩大，也需要其发挥出更大的作用，但是中国现阶段的财政转移性支出在调节收入分配方面的功能弱化，[153]需要通过制度改革以建立有效的收入分配调控体系，提高农村居民的转移性收入，这是促使城乡居民收入差距缩小的最直接手段。

1. 加大财政转移支付的比重。强化财政转移支出调节收入分配的功能，必须加大财政支出中转移性支出的比重，缩减基本建设支出和行政管理费支出等，只有如此才能弥补城乡间转移性收入的差距。

2. 实行城乡统筹的社会保障制度。城乡之间社会保障制度存在较大的差异，包括养老制度、医疗保障制度、失业保险、工伤等。中国当前所构建出来的社会保障体系主要是对城市居民的社会保障，而对农村居民的社会保障制度尽管取得了较大进步，但是与城市相比仍然存在较大差距。2014年开始建立实施统一的城乡居民基本养老保险制度，但这只是将城镇居民养老保险与农村居民养老保险合并，确定养老金待遇由基础养老金和个人账户养老金组成，其中基础养老金标准为每人每月55元，与城镇职工养老保险相比差距仍然较大。以青岛为例，青岛市的月人均企业职工养老金从2005年的787元，上涨到2013年的2268元，远高于农村居民。农村居民从事农业劳动，却不能获得与城镇企业职工一样的保障。因而必须建立包括养老保险、医疗保险、失业、工伤等在内的真正无差异的城乡统筹的社会保障制度。

（四）提高农村居民财产性收入

农民的财产主要就是房产和土地，所涉及的制度包括农村土地制度、宅基地制度建设。但是在当前，农村土地流转受到很大的限制，农民土地很容易被低价强制转让，甚至被无偿侵占，农民对土地的权利在现有土地制度下无法得到保障。并且，农村居民的宅基地及房屋不仅价格低廉而且转让时同样会受到限制。必须进行改革以确保农村居民财产权，并能够以此获得财产性收入。

1. 土地流转制度改革

土地产权模糊导致农村居民对于土地所有权的不完整，从而出现土地流转困难。土地流转制度改革可以在现有产权模式下，确认农村居民的土地使用权，并采取土地入股、租赁、抵押、技术承包和土地融资等多种办法保证这种使用权的流转，让土地流转市场逐步活跃起来，能够保证土地流转的合理价格。通过土地流转，促进土地集中经营，能够采用先进的机器设备和技术获得规模效益，使农村居民的土地能够得到更有效的利用，这样就可以获得土地财产收入，甚至也能够在土地集中经营的企业中进行工作以获得工资性收入。

2. 建立规范的宅基地流转制度，保障农民的财产权

在农村土地集体所有制下，农村居民宅基地流转受到限制，无法作为农村居民的资产进入市场进行经营，而城市的商品房则可以作为商品在市场上进行流通交易，从而加剧了城乡分割，[154]在城市房价、房租不断攀升，为城市居民带来更多的财产性收入的形势下，农村居民宅基地仍然受到限制，无法为农村居民带来财产性收入。因此，提高农村居民财产性收入，保障农民的财产权，必须建立规范的宅基地

流转制度。一是需要明确界定宅基地流转的法律范围,在宅基地的所有权继续为农村集体所有的前提下,赋予合法使用者全部的财产权和收益权,并允许宅基地进入市场进行流转交易。二是建立规范、有序的农村宅基地市场,确立合理的宅基地价格形成机制。

(五) 促进西部地区农村居民收入的提高

农村居民收入与城市居民收入存在一定差距,而西部地区农村居民收入与东部地区居民也存在一定的差距,因而提高西部地区农村居民收入将有助于提高农村居民的整体收入水平,有利于缩小城乡居民收入差距。促进西部地区农村居民收入提高的主要改革思路有如下几点。

1. 完善西部的教育制度尤其是农村教育制度

茶洪旺(2008)认为,劳动者文化素质低下是造成西部地区贫困的深层原因,同时低文化素质的劳动者在贫困地区孕育着一种"贫困文化",它不仅导致现实经济的落后,如果不采取措施加以消除,它还将会不断孕育出新的贫困。[155]消除贫困,提高农村居民收入,就必须提高西部农村地区劳动者的文化素质,因而重点是完善西部教育制度,尤其是农村地区基础教育制度。一是要加大西部地区尤其是西部农村地区的教育投入,保障教育经费及时、充足,创造良好的教育条件;二是要稳定和充实西部农村地区的中小学教师队伍,教师是教育的最根本保障,稳定教师队伍不仅需要提倡奉献精神,而且要切实改变教师的居住生活条件以及工资待遇。

2. 促进西部农村居民转移的激励机制

将西部农村居民通过就业的方式转移出来,转移到城市,转移到东部是最直接有效地提高收入的途径,因此必须建立转移的激励机制。一是要保障在转移地的生活需要,降低生活成本,包括住房、子女上学等问题,同时也要消除包括户籍制度在内的影响转移的制度壁垒。二是建立有效的信息发布平台,避免盲目流动,盲目转移,影响转移的积极性。三是激励企业创造更多的就业岗位,满足转移的需求。

3. 完善基础设施，保障西部地区农村和农业发展

促进西部地区农村和农业的发展需要不断进行基础设施建设，正如在提高农村居民经营性收入的改革思路中所提到的，要加大对农村的道路交通、水利、农产品批发市场等基础设施的建设支出，实行有效的财政支出政策、金融扶持政策，保障建设支出资金的充足。

如上所提出的较为具体的改革思路并不是面面俱到的，在制度系统的视角下，单独的制度改革和政策建议是不可能发挥出理想效果的，需要将上述改革思路通过全面的、具体的改革，促使制度系统向目标的有序发展和演化。

附录1 制度系统中具体制度的代理变量数据

具体制度	户籍制度			资本流动限制		垄断			教育	社会保障
代理变量	失业率	城乡就业人口比	城乡人口数之比	农业和乡镇企业贷款占总贷款比值	固定资产投资城乡之比	国有单位人均工资与全国平均工资之比	国有单位就业人数与总就业人数之比	国有经济占GDP的比重	城乡平均受教育年限比	城乡人均转移性收入之比
符号	human 1	human 2	human 3	capital 1	capital 2	monopoly1	monopoly2	monopoly3	education1	security
1995	1.1473	0.3884	0.4093	11.4502	3.5752	1.0383	0.1654	0.5444	1.3750	11.2475
1996	1.1682	0.4063	0.4384	11.8995	3.2859	1.0380	0.1631	0.5240	1.3762	9.6857
1997	1.3842	0.4238	0.4686	7.9713	3.3399	1.0365	0.1582	0.5249	1.3932	11.9814
1998	2.0115	0.4410	0.5004	7.6315	3.8026	1.0179	0.1282	0.5411	1.3766	11.0239
1999	1.9192	0.4576	0.5333	7.5573	3.8761	1.0149	0.1201	0.5342	1.3802	11.0708
2000	2.5773	0.4731	0.5679	8.0752	3.9161	1.0116	0.1124	0.5014	1.3421	9.9466
2001	1.8903	0.4877	0.6041	8.2635	4.1597	1.0195	0.1046	0.4731	1.3779	10.2803
2002	2.1497	0.5061	0.6418	8.5857	4.4300	1.0265	0.0971	0.4340	1.3698	11.3039
2003	2.1597	0.5255	0.6815	8.8922	4.6963	1.0278	0.0924	0.3898	1.2777	14.7366
2004	2.1126	0.5434	0.7170	8.9483	5.1556	1.0330	0.0892	0.3551	1.3274	14.5018
2005	2.6349	0.5636	0.7541	9.0192	5.4900	1.0427	0.0856	0.3342	1.3539	13.0057
2006	2.3567	0.5887	0.7967	10.5978	5.6146	1.0408	0.0842	0.2997	1.3472	12.0868
2007	2.1044	0.6161	0.8481	10.6091	5.9148	1.0558	0.0834	0.2819	1.3295	11.6722
2008	2.2248	0.6391	0.8864	11.0985	6.1743	1.0481	0.0832	0.2818	1.3133	9.9000
2009	2.2766	0.6639	0.9358	12.0395	6.3211	1.0585	0.0823	0.3103	1.3083	9.3464

附录2

六省城乡可支配收入制度系统灰关联熵计算过程

计算过程可以分为八个步骤：

①计算六省城市和农村可支配收入的平均值。

②计算各省城市和农村可支配收入与平均值的比值，分别为 x 和 y，作为城市和农村的相对收入。

③计算｜x-y｜，即城市和农村的相对收入差距的绝对值。

④根据公式（4-8）计算灰关联系数。

⑤根据公式（4-10）计算 P 值。

⑥根据 P 值计算 lnP 值。

⑦计算｜P*lnP｜值。

⑧将｜P*lnP｜值求和，即为该年份的灰关联熵。

各年份计算过程的数据如下表，其中部分名称标注①—⑧表示该行或列是按照上述计算过程相应步骤计算得出的。

年份	过程	吉林	山东	河南	广东	云南	陕西	平均①	求和⑧
1998	农村	2383.6	2452.8	1864.1	3527.1	1387.3	1405.6	2170.1	13020.5
	x②	1.0984	1.1303	0.8590	1.6254	0.6393	0.6477	1.0000	6.0000
	城镇	4206.6	5380.1	4219.4	8839.7	6042.8	4220.2	5484.8	32908.8
	y②	0.7670	0.9809	0.7693	1.6117	1.1017	0.7694	1.0000	6.0000
	｜x-y｜③	0.3314	0.1494	0.0897	0.0137	0.4625	0.1217	0.1947	1.1684
	灰色关联系数④	0.2505	0.4390	0.5828	1.0000	0.1913	0.4957	0.4932	2.9592
	求P⑤	0.0846	0.1483	0.1969	0.3378	0.0646	0.1675	0.1666	0.9997
	lnP⑥	-2.4696	-1.9085	-1.6251	-1.0852	-2.7390	-1.7871	-1.9357	-11.6144
	｜P*lnP｜⑦	0.2090	0.2830	0.3200	0.3666	0.1770	0.2992	0.2758	1.654885

附录2 六省城乡可支配收入制度系统灰关联熵计算过程

续表

年份	过程	吉林	山东	河南	广东	云南	陕西	平均①	求和⑧
1999	农村	2260.6	2549.6	1948.4	3628.9	1437.6	1455.9	2213.5	13281.0
	x②	1.0213	1.1518	0.8802	1.6395	0.6495	0.6577	1.0000	6.0000
	城镇	4480.0	5809.0	4532.4	9125.9	6178.7	4654.1	5796.7	34780.0
	y②	0.7729	1.0021	0.7819	1.5743	1.0659	0.8029	1.0000	6.0000
	|x−y|③	0.2484	0.1497	0.0983	0.0651	0.4164	0.1452	0.1872	1.1232
	灰色关联系数④	0.4474	0.6370	0.8172	1.0000	0.2970	0.6496	0.6414	3.8482
	求P⑤	0.1163	0.1655	0.2124	0.2599	0.0772	0.1688	0.1667	1.0000
	lnP⑥	−2.1519	−1.7987	−1.5495	−1.3476	−2.5616	−1.7789	−1.8647	−11.1882
	|P∗lnP|⑦	0.2502	0.2977	0.3290	0.3502	0.1977	0.3003	0.2875	1.725160
2000	农村	2022.5	2659.2	1985.8	3654.5	1478.6	1443.9	2207.4	13244.5
	x②	0.9162	1.2047	0.8996	1.6556	0.6698	0.6541	1.0000	6.0000
	城镇	4810.0	6490.0	4766.3	9761.6	6324.6	5124.2	6212.8	37276.7
	y②	0.7742	1.0446	0.7672	1.5712	1.0180	0.8248	1.0000	6.0000
	|x−y|③	0.1420	0.1601	0.1324	0.0843	0.3482	0.1707	0.1730	1.0377
	灰色关联系数④	0.7275	0.6704	0.7620	1.0000	0.3685	0.6407	0.6948	4.1691
	求P⑤	0.1745	0.1608	0.1827	0.2398	0.0884	0.1536	0.1666	0.9998
	lnP⑥	−1.7461	−1.8278	−1.6998	−1.4279	−2.4261	−1.8731	−1.8335	−11.0008
	|P∗lnP|⑦	0.3046	0.2938	0.3106	0.3424	0.2144	0.2878	0.2923	1.753689
2001	农村	2182.2	2804.5	2097.9	3769.8	1533.7	1490.8	2313.2	13878.9
	x②	0.9434	1.2124	0.9069	1.6297	0.6631	0.6445	1.0000	6.0000
	城镇	5340.5	7101.1	5267.4	10415.2	6797.7	5483.7	6734.3	40405.6
	y②	0.7930	1.0545	0.7822	1.5466	1.0094	0.8143	1.0000	6.0000
	|x−y|③	0.1504	0.1579	0.1247	0.0831	0.3464	0.1698	0.1721	1.0324
	灰色关联系数④	0.6938	0.6707	0.7855	1.0000	0.3667	0.6374	0.6923	4.1541
	求P⑤	0.1672	0.1616	0.1893	0.2410	0.0884	0.1536	0.1668	1.0010
	lnP⑥	−1.7886	−1.8225	−1.6646	−1.4231	−2.4264	−1.8735	−1.8331	−10.9987
	|P∗lnP|⑦	0.2990	0.2945	0.3151	0.3429	0.2144	0.2877	0.2923	1.753692
2002	农村	2301.0	2947.7	2215.7	3911.9	1608.6	1596.3	2430.2	14581.2
	x②	0.9468	1.2129	0.9118	1.6097	0.6619	0.6568	1.0000	6.0000
	城镇	6260.2	7614.4	6245.4	11137.2	7240.6	6330.8	7471.4	44828.5
	y②	0.8379	1.0191	0.8359	1.4906	0.9691	0.8473	1.0000	6.0000
	|x−y|③	0.1090	0.1938	0.0758	0.1191	0.3072	0.1905	0.1659	0.9953
	灰色关联系数④	0.8057	0.5379	1.0000	0.7606	0.3724	0.5449	0.6703	4.0215
	求P⑤	0.2004	0.1338	0.2488	0.1892	0.0926	0.1356	0.1667	1.0004
	lnP⑥	−1.6073	−2.0114	−1.3913	−1.6650	−2.3789	−1.9984	−1.8421	−11.0523
	|P∗lnP|⑦	0.3221	0.2691	0.3461	0.3150	0.2204	0.2709	0.2906	1.743660

续表

年份	过程	吉林	山东	河南	广东	云南	陕西	平均①	求和⑧
2003	农村	2530.4	3150.5	2235.7	4054.6	1697.1	1675.7	2557.3	15343.9
	x②	0.9895	1.2319	0.8742	1.5855	0.6636	0.6552	1.0000	6.0000
	城镇	7005.2	8399.9	6926.1	12380.4	7643.6	6806.4	8193.6	49161.6
	y②	0.8550	1.0252	0.8453	1.5110	0.9329	0.8307	1.0000	6.0000
	|x−y|③	0.1345	0.2068	0.0289	0.0745	0.2692	0.1755	0.1482	0.8894
	灰色关联系数④	0.4394	0.3176	1.0000	0.6449	0.2562	0.3609	0.5032	3.0190
	求P⑤	0.1455	0.1052	0.3311	0.2135	0.0848	0.1195	0.1666	0.9997
	lnP⑥	−1.9276	−2.2523	−1.1053	−1.5439	−2.4672	−2.1243	−1.9034	−11.4206
	|P∗lnP|⑦	0.2805	0.2368	0.3660	0.3297	0.2093	0.2539	0.2794	1.676139
2004	农村	2999.6	3507.4	2553.2	4365.9	1864.2	1866.5	2859.5	17156.8
	x②	1.0490	1.2266	0.8929	1.5268	0.6519	0.6528	1.0000	6.0000
	城镇	7840.6	9437.8	7704.9	13627.7	8870.9	7492.5	9162.4	54974.3
	y②	0.8557	1.0301	0.8409	1.4873	0.9682	0.8177	1.0000	6.0000
	|x−y|③	0.1933	0.1965	0.0520	0.0395	0.3162	0.1650	0.1604	0.9625
	灰色关联系数④	0.4004	0.3954	0.8916	1.0000	0.2707	0.4500	0.5680	3.4081
	求P⑤	0.1174	0.1159	0.2615	0.2933	0.0794	0.1320	0.1666	0.9995
	lnP⑥	−2.1420	−2.1546	−1.3414	−1.2267	−2.5336	−2.0251	−1.9039	−11.4234
	|P∗lnP|⑦	0.2515	0.2498	0.3507	0.3597	0.2011	0.2673	0.2800	1.680195
2005	农村	3264.0	3930.5	2870.6	4690.5	2041.8	2052.6	3141.7	18850.0
	x②	1.0389	1.2511	0.9137	1.4930	0.6499	0.6534	1.0000	6.0000
	城镇	8690.6	10744.8	8668.0	14769.9	9265.9	8272.0	10068.5	60411.2
	y②	0.8631	1.0672	0.8609	1.4669	0.9203	0.8216	1.0000	6.0000
	|x−y|③	0.1758	0.1839	0.0528	0.0261	0.2704	0.1682	0.1462	0.8772
	灰色关联系数④	0.3486	0.3366	0.7496	1.0000	0.2470	0.3605	0.5070	3.0423
	求P⑤	0.1147	0.1107	0.2466	0.3289	0.0812	0.1186	0.1668	1.0007
	lnP⑥	−2.1657	−2.2006	−1.4001	−1.1119	−2.5104	−2.1322	−1.9201	−11.5209
	|P∗lnP|⑦	0.2483	0.2437	0.3452	0.3657	0.2039	0.2528	0.2766	1.659756
2006	农村	3641.1	4368.3	3261.0	5079.8	2250.5	2260.2	3476.8	20860.9
	x②	1.0473	1.2564	0.9379	1.4610	0.6473	0.6501	1.0000	6.0000
	城镇	9775.1	12192.2	9810.3	16015.6	10069.9	9267.7	11188.5	67130.7
	y②	0.8737	1.0897	0.8768	1.4314	0.9000	0.8283	1.0000	6.0000
	|x−y|③	0.1736	0.1667	0.0611	0.0296	0.2527	0.1783	0.1437	0.8620
	灰色关联系数④	0.3576	0.3690	0.7178	1.0000	0.2643	0.3503	0.5098	3.0590
	求P⑤	0.1169	0.1206	0.2346	0.3268	0.0864	0.1145	0.1666	0.9997
	lnP⑥	−2.1467	−2.1155	−1.4500	−1.1184	−2.4492	−2.1673	−1.9078	−11.4471
	|P∗lnP|⑦	0.2509	0.2551	0.3401	0.3655	0.2115	0.2481	0.2785	1.671228

附录2 六省城乡可支配收入制度系统灰关联熵计算过程

续表

年份	过程	吉林	山东	河南	广东	云南	陕西	平均①	求和⑧
2007	农村	4191.3	4985.3	3851.6	5624.0	2634.1	2644.7	3988.5	23931.1
	x②	1.0509	1.2499	0.9657	1.4101	0.6604	0.6631	1.0000	6.0000
	城镇	11285.5	14264.7	11477.1	17699.3	11496.1	10763.3	12831.0	76986.0
	y②	0.8796	1.1117	0.8945	1.3794	0.8960	0.8389	1.0000	6.0000
	|x-y|③	0.1713	0.1382	0.0712	0.0306	0.2355	0.1758	0.1371	0.8226
	灰色关联系数④	0.3560	0.4196	0.6572	1.0000	0.2751	0.3488	0.5094	3.0567
	求P⑤	0.1163	0.1371	0.2148	0.3268	0.0899	0.1140	0.1665	0.9989
	lnP⑥	-2.1513	-1.9869	-1.5382	-1.1184	-2.4091	-2.1716	-1.8959	-11.3755
	|P*lnP|⑦	0.2503	0.2724	0.3304	0.3655	0.2166	0.2476	0.2804	1.682688
2008	农村	4932.7	5641.4	4454.2	6399.8	3102.6	3136.5	4611.2	27667.3
	x②	1.0697	1.2234	0.9660	1.3879	0.6728	0.6802	1.0000	6.0000
	城镇	12829.5	16305.4	13231.1	19732.9	13250.2	12857.9	14701.2	88206.9
	y②	0.8727	1.1091	0.9000	1.3423	0.9013	0.8746	1.0000	6.0000
	|x-y|③	0.1970	0.1143	0.0660	0.0456	0.2285	0.1944	0.1410	0.8458
	灰色关联系数④	0.2070	0.3141	0.4501	0.5504	0.1833	0.2093	0.3190	1.9143
	求P⑤	0.1084	0.1645	0.2357	0.2882	0.0960	0.1096	0.1670	1.0022
	lnP⑥	-2.2220	-1.8051	-1.4454	-1.2442	-2.3437	-2.2112	-1.8786	-11.2715
	|P*lnP|⑦	0.2408	0.2969	0.3406	0.3585	0.2249	0.2423	0.2840	1.704080
2009	农村	5265.9	6118.8	4807.0	6906.9	3369.3	3437.6	4984.2	29905.5
	x②	1.0565	1.2276	0.9644	1.3858	0.6760	0.6897	1.0000	6.0000
	城镇	14006.3	17811.0	14371.6	21574.7	14423.9	14128.8	16052.7	96316.3
	y②	0.8725	1.1095	0.8953	1.3440	0.8985	0.8801	1.0000	6.0000
	|x-y|③	0.1840	0.1181	0.0692	0.0418	0.2225	0.1905	0.1377	0.8260
	灰色关联系数④	0.3775	0.5306	0.7590	1.0000	0.3230	0.3671	0.5595	3.3573
	求P⑤	0.1124	0.1579	0.2259	0.2976	0.0961	0.1093	0.1665	0.9992
	lnP⑥	-2.1860	-1.8457	-1.4877	-1.2119	-2.3419	-2.2139	-1.8812	-11.2873
	|P*lnP|⑦	0.2456	0.2915	0.3361	0.3607	0.2252	0.2419	0.2835	1.700916
2010	农村	6237.4	6990.6	5523.7	7890.3	3952.6	4105.0	5783.1	34698.7
	x②	1.0786	1.2087	0.9551	1.3644	0.6834	0.7098	1.0000	6.0000
	城镇	15411.5	19945.8	15930.3	23897.8	16064.5	15695.2	17824.2	106945.1
	y②	0.8646	1.1190	0.8937	1.3408	0.9013	0.8806	1.0000	6.0000
	|x-y|③	0.2139	0.0897	0.0614	0.0236	0.2179	0.1707	0.1295	0.7773
	灰色关联系数④	0.2609	0.5041	0.6400	1.0000	0.2570	0.3135	0.4959	2.9755
	求P⑤	0.0876	0.1692	0.2148	0.3356	0.0862	0.1052	0.1664	0.9985
	lnP⑥	-2.4354	-1.7769	-1.5382	-1.0919	-2.4508	-2.2519	-1.9242	-11.5452
	|P*lnP|⑦	0.2132	0.3006	0.3304	0.3664	0.2113	0.2369	0.2765	1.658815

附录3

城乡可支配收入来源构成制度系统灰关联熵计算过程

计算过程可以分为八个步骤：

①计算城市和农村四类收入的平均值。

②计算城市和农村四类收入与平均值的比值，分别为 x 和 y，作为城市和农村四类收入的相对收入。

③计算 | x - y |，即城市和农村四类相对收入差距的绝对值。

④根据公式（4-8）计算灰关联系数。

⑤根据公式（4-10）计算 P 值。

⑥根据 P 值计算 lnP 值。

⑦计算 | P * lnP | 值。

⑧将 | P * lnP | 值求和，即为该年份的灰关联熵。

各年份计算过程的数据如下表，其中部分名称标注①—⑧表示该行或列是按照上述计算过程相应步骤计算得出的。

年份	指标	工资性收入	经营净收入	财产性收入	转移性收入	平均①	求和⑧
1996	农村	450.84	2233.72	42.59	79.58	701.68	2806.73
	x②	0.6425151	3.1833884	0.0606972	0.1134835		
	城镇	3895.60	123.30	119.00	701.00	1209.73	4838.90
	y②	3.2202227	0.1019236	0.0983691	0.5794681		
	| x - y | ③	2.5777076	3.0814649	0.0376719	0.4660546		
	灰色关联系数④	0.2047479	0.1768544	1	0.6042097		1.99
	求 P⑤	0.1028884	0.0888716	0.5025126	0.3036229		
	lnP⑥	-2.27411	-2.420563	-0.688135	-1.191969		
	| P * lnP | ⑦	0.23398	0.215119	0.345796	0.361909		1.156804

附录3 城乡可支配收入来源构成制度系统灰关联熵计算过程

续表

年份	指标	工资性收入	经营净收入	财产性收入	转移性收入	平均①	求和⑧
1997	农村	514.56	2346.68	23.60	92.36	744.30	2977.20
	x②	0.6913341	3.1528685	0.0317076	0.1240897		
	城镇	4042.70	179.20	132.50	805.90	1290.08	5160.30
	y②	3.1336816	0.1389061	0.1027068	0.6246899		
	|x-y|③	2.4423475	3.0139624	0.0709992	0.5006002		
	灰色关联系数④	0.2212679	0.1862973	1.0000001	0.6106545		2.02
	求P⑤	0.1095386	0.0922264	0.4950495	0.3023042		
	lnP⑥	-2.211479	-2.383509	-0.703097	-1.196321		
	|P*lnP|⑦	0.242242	0.219822	0.348068	0.361653		1.171786
1998	农村	573.56	2286.84	30.36	104.72	748.87	2995.48
	x②	0.7659006	3.0537209	0.0405411	0.1398374		
	城镇	4143.70	199.30	142.10	940.00	1356.28	5425.10
	y②	3.0551951	0.1469461	0.1047719	0.6930722		
	|x-y|③	2.2892945	2.9067749	0.0642308	0.5532349		
	灰色关联系数④	0.1900475	0.1551698	1	0.5163613		1.86
	求P⑤	0.1021761	0.0834246	0.5376344	0.2776136		
	lnP⑥	-2.281058	-2.483811	-0.620576	-1.281525		
	|P*lnP|⑦	0.23307	0.207211	0.333643	0.355769		1.171954
1999	农村	630.25	2211.57	31.54	114.08	746.86	2987.44
	x②	0.8438663	2.9611574	0.0422301	0.1527462		
	城镇	4206.00	221.20	133.60	1293.20	1463.50	5854.00
	y②	2.8739324	0.1511445	0.091288	0.8836351		
	|x-y|③	2.030066	2.8100129	0.0490579	0.730889		
	灰色关联系数④	0.2357424	0.1812152	1	0.4726309		1.89
	求P⑤	0.1247314	0.0958811	0.5291006	0.2500693		
	lnP⑥	-2.081592	-2.344647	-0.636577	-1.386017		
	|P*lnP|⑦	0.25964	0.224807	0.336813	0.3466		1.167861

续表

年份	指标	工资性收入	经营净收入	财产性收入	转移性收入	平均①	求和⑧
2000	农村	702.30	2251.28	45.04	147.59	786.55	3146.21
	x②	0.8928867	2.8622211	0.0572627	0.1876422		
	城镇	4480.50	246.24	128.38	1440.78	1573.98	6295.90
	y②	2.8466054	0.1564442	0.0815639	0.9153738		
	｜x−y｜③	1.9537188	2.7057769	0.0243012	0.7277315		
	灰色关联系数④	0.2266473	0.174151	1	0.445632		1.85
	求P⑤	0.1225121	0.0941357	0.5405405	0.2408821		
	lnP⑥	−2.099546	−2.363018	−0.615186	−1.423447		
	｜P∗lnP｜⑦	0.25722	0.222444	0.332533	0.342883		1.15508
2001	农村	771.9	2325.23	46.97	162.82	826.73	3306.92
	x②	0.9336785	2.8125627	0.0568142	0.1969446		
	城镇	4829.86	274.05	134.62	1630.36	1717.22	6868.89
	y②	2.8126041	0.1595893	0.0783941	0.9494182		
	｜x−y｜③	1.8789256	2.6529734	0.02158	0.7524737		
	灰色关联系数④	0.2291637	0.1734452	1.0000001	0.4303548		1.83
	求P⑤	0.1252261	0.0947788	0.5464481	0.2351666		
	lnP⑥	−2.077634	−2.356209	−0.604316	−1.447461		
	｜P∗lnP｜⑦	0.260174	0.223319	0.330227	0.340394		1.154115
2002	农村	840.22	2380.51	52.5	158.4	857.91	3431.63
	x②	0.9793801	2.7747782	0.0611952	0.1846348		
	城镇	5739.96	332.16	102.12	2003.16	2044.35	8177.40
	y②	2.8077188	0.1624771	0.0499523	0.9798518		
	｜x−y｜③	1.8283387	2.6123012	0.0112429	0.795217		
	灰色关联系数④	0.2270305	0.1702532	1	0.4050333		1.80
	求P⑤	0.1261281	0.0945851	0.5555555	0.2250185		
	lnP⑥	−2.070457	−2.358255	−0.587787	−1.491573		
	｜P∗lnP｜⑦	0.261143	0.223056	0.326548	0.335631		1.146378

附录3 城乡可支配收入来源构成制度系统灰关联熵计算过程

续表

年份	指标	工资性收入	经营净收入	财产性收入	转移性收入	平均①	求和⑧
2003	农村	918.4	2455	65.8	143.3	895.63	3582.50
	x②	1.0683666	2.8558799	0.0765446	0.1666996		
	城镇	6410.2	403.8	135	2112.2	2265.30	9061.20
	y②	2.8297356	0.1782545	0.0595948	0.9324151		
	︱x−y︱③	1.761369	2.6776253	0.0169498	0.7657155		
	灰色关联系数④	0.2405313	0.1719418	1	0.4245755		1.84
	求P⑤	0.1307235	0.0934466	0.5434783	0.2307476		
	lnP⑥	−2.034671	−2.370365	−0.609766	−1.466431		
	︱P∗lnP︱⑦	0.265979	0.221503	0.331394	0.338375		1.157252
2004	农村	998.5	2804.5	76.6	160	1009.90	4039.60
	x②	0.9887118	2.7770076	0.0758491	0.1584315		
	城镇	7152.8	493.9	161.2	2320.7	2532.15	10128.60
	y②	2.8247932	0.1950516	0.0636613	0.9164939		
	︱x−y︱③	1.8360814	2.581956	0.0121878	0.7580624		
	灰色关联系数④	0.2246908	0.1706003	1	0.4147495		1.81
	求P⑤	0.1241386	0.0942543	0.5524862	0.2291434		
	lnP⑥	−2.086357	−2.361759	−0.593327	−1.473407		
	︱P∗lnP︱⑦	0.258997	0.222606	0.327805	0.337622		1.14703
2005	农村	1174.5	3164.4	88.5	203.8	1157.80	4631.20
	x②	1.0144239	2.7331145	0.0764381	0.1760235		
	城镇	7797.5	679.6	192.9	2650.7	2830.18	11320.70
	y②	2.7551251	0.2401261	0.0681582	0.9365835		
	︱x−y︱③	1.7407012	2.4929885	0.0082799	0.76056		
	灰色关联系数④	0.2263553	0.1694342	1.0000001	0.4025526		1.80
	求P⑤	0.1257529	0.0941301	0.5555556	0.2236403		
	lnP⑥	−2.073436	−2.363077	−0.587787	−1.497716		
	︱P∗lnP︱⑦	0.260741	0.222437	0.326548	0.33495		1.144675

缩小中国城乡居民收入差距的制度研究

续表

年份	指标	工资性收入	经营净收入	财产性收入	转移性收入	平均①	求和⑧
2006	农村	1374.8	3310	100.5	239.8	1256.28	5025.10
	x②	1.094342	2.634763	0.0799981	0.190881		
	城镇	8767.0	809.6	244.0	2898.7	3179.83	12719.30
	y②	2.7570656	0.2546048	0.0767337	0.9115896		
	｜x－y｜③	1.6627236	2.3801581	0.0032644	0.7207086		
	灰色关联系数④	0.2241005	0.1678096	0.9999999	0.4005013		1.79
	求 P⑤	0.1251958	0.0937484	0.5586592	0.2237437		
	lnP⑥	－2.077876	－2.367141	－0.582216	－1.497254		
	｜P＊lnP｜⑦	0.260141	0.221916	0.32526	0.335001		1.142318
2007	农村	1596.2	3776.7	128.2	290	1447.78	5791.10
	x②	1.1025156	2.6086146	0.0885494	0.2003067		
	城镇	10234.8	940.7	348.5	3384.6	3727.15	14908.60
	y②	2.7460124	0.2523912	0.0935031	0.9080933		
	｜x－y｜③	1.6434968	2.3562233	0.0049537	0.7077866		
	灰色关联系数④	0.2251804	0.1684187	1	0.4038895		1.80
	求 P⑤	0.1251002	0.0935659	0.5555555	0.2243831		
	lnP⑥	－2.07864	－2.369089	－0.587787	－1.494401		
	｜P＊lnP｜⑦	0.260038	0.221666	0.326548	0.335318		1.143571
2008	农村	1853.7	4302.1	148.1	396.8	1675.18	6700.70
	x②	1.1065677	2.5681419	0.0884084	0.2368701		
	城镇	11299.0	1453.6	387.0	3928.2	4266.95	17067.80
	y②	2.6480273	0.3406649	0.0906971	0.9206107		
	｜x－y｜③	1.5414596	2.2274771	0.0022887	0.6837407		
	灰色关联系数④	0.225362	0.1675229	1	0.3965372		1.79
	求 P⑤	0.1259005	0.0935882	0.5586592	0.2215292		
	lnP⑥	－2.072263	－2.368851	－0.582216	－1.507201		
	｜P＊lnP｜⑦	0.260899	0.221697	0.32526	0.333889		1.141745

附录3 城乡可支配收入来源构成制度系统灰关联熵计算过程

续表

年份	指标	工资性收入	经营净收入	财产性收入	转移性收入	平均①	求和⑧
2009	农村	2061.3	4404	167.2	483.1	1778.90	7115.60
	x②	1.1587498	2.4756872	0.0939907	0.2715723		
	城镇	12382.1	1528.7	431.8	4515.5	4714.53	18858.10
	y②	2.62637	0.3242529	0.0915892	0.9577837		
	|x-y|③	1.4676202	2.1514343	0.0024015	0.6862114		
	灰色关联系数④	0.2279819	0.1675969	1.0000001	0.3875406		1.78
	求P⑤	0.1280797	0.0941555	0.5617978	0.2177194		
	lnP⑥	-2.055103	-2.362807	-0.576613	-1.524548		
	|P*lnP|⑦	0.263217	0.222471	0.32394	0.331924		1.141552
2010	农村	2431.05	4937.48	202.25	548.74	2029.88	8119.51
	x②	1.1976324	2.4323977	0.0996349	0.2703319		
	城镇	13707.68	1713.51	520.33	5091.90	5258.36	21033.42
	y②	2.6068356	0.325864	0.0989529	0.9683437		
	|x-y|③	1.4092032	2.1065337	0.000682	0.6980118		
	灰色关联系数④	0.2305307	0.1669365	1	0.377005		1.774472
	求P⑤	0.1299497	0.0941017	0.5636979	0.2125169		
	lnP⑥	-2.040608	-2.363379	-0.573237	-1.548734		
	|P*lnP|⑦	0.265176	0.222398	0.323132	0.329132		1.139839

资料来源：城市1996—1999年数据来自赖文燕《基于分项收入来源的我国城乡居民收入差距实证分析》，《企业经济》2010年第7期。其他年份数据来自《中国住户调查年鉴》；农村数据来自《中国农村住户调查年鉴》(2012)。

参考文献

[1] 王建农、张启良：《城乡居民收入差距的基本特征与趋势》，《统计研究》2005年第3期。

[2] 林光斌：《等级制度、市场经济与城乡居民收入差距扩大》，《管理世界》2004年第4期。

[3] 韦伟、傅勇：《城乡居民收入差距与人口流动模型》，《中国人民大学学报》2004年第6期。

[4] 白雪梅：《教育与收入不平等：中国的经验研究》，《管理世界》2004年第6期。

[5] 陶纪坤：《社会保障制度与城乡居民收入差距》，《兰州学刊》2008年第12期。

[6] 谷成、李俊毅：《城乡居民收入分配差距的扩大与我国社会保障制度的整合》，《东北财经大学学报》2004年第4期。

[7] 张翼：《社会保障对中国城乡居民收入差距影响的初步研究》，《经济与管理》2010年第6期。

[8] 诺斯：《制度、制度变迁与经济绩效》，杭行译，上海人民出版社2008年版。

[9] 弗里德里希·奥古斯特·哈耶克：《致命的自负》，冯克利、胡晋华译，中国社会科学出版社2000年版。

[10] 李志强：《制度系统论：系统科学在制度研究中的应用》，《中国软科学》2003年第4期。

[11] 胡联合、胡鞍钢、徐绍刚：《贫富差距对违法犯罪活动影响的实

证分析》,《管理世界》2005 年第 6 期。

[12] 白雪梅、王少瑾:《对我国收入不平等与社会安定关系的审视》,《财经问题研究》2007 年第 7 期。

[13] 黄少安、陈屹立:《宏观经济因素与犯罪率:基于中国 1978—2005 年的实证研究》,山东大学经济研究院 2007 年工作论文。

[14] 茶洪旺、王亚男:《城乡居民收入差距扩大的经济社会效应分析》,《经济研究参考》2011 年第 6 期。

[15] 大卫·李嘉图:《政治经济学及赋税原理》,华夏出版社 2005 年版。

[16] Lewis, W. A. "Economic Development with Unlimited Supplies of Labour." *The Manchester School*, 1954, 22 (2): 139 – 191.

[17] Gustav, Ranis & Fei, J. H. "A Theory of Economic Development." *The American Economic Review*, 1961, 51 (4): 533 – 565.

[18] Fei, Ranis. *Development of the Labor: Surplus Economy*, Richard D. Irwin, Homewood, Ⅲ, 1964.

[19] Kuznets, S. "Economic Growth and Income Inequality." *American Economic Review* 1955, 45: 1 – 28.

[20] Dennis Tao Yang & Hao Zhou. "Rural-urban Disparity and Sectoral Labour Allocation in China." *Journal of Development Studies*, 1999, 35 (3): 105 – 133.

[21] Yang, Dennis Tao. "Urban-biased Policies and Rising Income Inequality in China." *American Economic Review*, 1999, 5: 306 – 310.

[22] Chen, Aimin. "Urbanization and Disparities in China: Challenges of Growth and Development." *China Economic Review*, 2002, 13: 407 – 411.

[23] Lu, M., Chen, Z. "Urbanization, Urban-Biased Policies, and Urban-Rural Inequality in China, 1987 – 2001." *Chinese Economy*, 2006, 39 (3): 42 – 63.

[24] Xue Jinjun. "Urban-rural Income Disparity and Its Significance in

China." *Hitotsubashi Journal of Economics*, 1997 (38): 45 – 49.

[25] Lin, J. Y., Wang, G., Zhao, Y. "Regional Inequality and Labor Transfers in China." *Economic Development and Cultural Change*, 2004, 52 (3): 587 – 603.

[26] Schultz, T. W. "Capital Formation by Education." *Journal of Political Economy*, 1960, 68 (12): 571 – 583.

[27] Becker, G. S. and B. R. Chiswick. "Education and the Distribution of Earning." *American Economic Review*, 1966, 56: 358 – 369.

[28] Mincer, J. A. *Schooling and Earnings. Schooling, Experience, and Earnings.* Columbia University Press, 1974: 41 – 63.

[29] Garry S. Becker. *Human Capital: A Theoretical and Empirical Analysis, with Special Reference to Education.* University of Chicago Press, 1975.

[30] Bound John and George Johnson. "Changes in the Structure of Wages in the 1980's: An Evaluation of Alternative Explanations." *The American Economic Review*, 1992, (82) 3: 371 – 392.

[31] Gregorio Jose De and Jong-Wha Lee. "Education and Income Inequality New Evidence from Cross Country Data." *Review of Income and Wealth*, 2002, 48: 395 – 416.

[32] Zhang, X., Kanbur, R. "Spatial Inequality in Education and Health Care in China." *China Economic Review*, 2005, 16 (2): 189 – 204.

[33] Sicular, T., Ximing, Y., Gustafsson, B., Li Shi. "The Urban-rural Income Gap and Inequality in China." *Review of Income and Wealth*, 2007, 53 (1): 93 – 126.

[34] Liu Zhiqiang. "Institution and inequality: The "Hukou" System in China." *Journal of Comparative Economics*, 2005, 33 (1): 133 – 157.

[35] 徐庆:《四元经济发展模型与城乡居民收入差距扩大》,《经济

科学》1997 年第 2 期。

[36] 温娇秀：《我国城乡教育不平等与收入差距扩大的动态研究》，《当代经济科学》2007 年第 9 期。

[37] 陈斌开、张鹏飞、杨汝岱：《政府教育投入，人力资本投资与中国城乡居民收入差距》，《管理世界》2010 年第 1 期。

[38] 薛进军：《中国的不平等——收入分配研究》，社会科学文献出版社 2008 年版。

[39] 李卫兵：《地位收益：中国城乡居民收入差距日益扩大的原因》，《中国农村经济》2005 年第 12 期。

[40] 严斌：《社会保障制度对中国城乡居民收入差距影响及对策研究》，山西财经大学 2007 年硕士学位论文。

[41] 蔡昉：《城乡居民收入差距与制度变革的临界点》，《中国社会科学》2003 年第 5 期。

[42] 廖红丰：《我国城乡居民收入差距与经济体制变迁的实证研究》，《新疆农垦经济》2005 年第 4 期。

[43] 余路平：《我国城乡居民收入差距与制度变迁的实证研究》，《现代经济》（现代物业下半月刊）2008 年第 7（8）期。

[44] 靳贞来：《城乡居民收入差距变动及其影响因素的实证研究——以安徽省为例》，南京农业大学 2006 年博士学位论文。

[45] 李贞容：《二元体制下我国城乡居民收入差距扩大的成因及对策研究》，西南财经大学 2007 年博士学位论文。

[46] 曾国安：《论工业化过程中导致城乡居民收入差距扩大的自然因素与制度因素》，《经济评论》2007 年第 3 期。

[47] 张红宇：《城乡居民收入差距的平抑机制：工业化中期阶段的经济增长与政府行为选择》，《管理世界》2004 年第 4 期。

[48] 张建辉、靳涛：《转型式经济增长与城乡居民收入差距：中国的经验（1978—2008）》，《学术月刊》2011 年第 7 期。

[49] 汪丁丁：《哈耶克"扩展秩序"思想初论》（上篇），《公共论丛》第 2 辑，三联书店 1996 年版。

[50] 理查德·R. 纳尔逊、悉尼·G. 温特：《经济变迁的演化理论》，

商务印书馆1997年版。

[51] 波普尔：《历史决定论的贫困》，杜汝楫、邱仁宗译，华夏出版社1987年版。

[52] 李厚廷：《制度设计撷要——源于企业替代市场理论的启示》，《经济社会体制比较》（双月刊）2009年第3期。

[53] 戴维·韦默：《制度设计》，费方域、朱宝钦译，上海财经大学出版社2004年版。

[54] 徐传谌、李松涛、闫敏：《耗散结构、自组织与制度耦合——入世后国企制度变迁障碍及发展趋向的演进经济学解释》，《当代经济研究》2003年第2期。

[55] 刘超：《新制度经济学与系统科学的融合性研究》，《东岳论丛》2011年第32期。

[56] 张旭昆：《制度系统的结构分析》，《数量经济技术经济研究》2002年第6期。

[57] 张旭昆：《制度系统的关联性特征》，《浙江社会科学》2004年第3期。

[58] 张旭昆：《制度系统的性质及其对于演化的影响》，《经济研究》2004年第12期。

[59] 蓝庆新、韩晶：《公司治理模式演进的国际比较分析——基于制度系统论的视角》，《经济社会体制比较》2010年第5期。

[60] 曹芳东、吴江、徐敏：《基于分形理论的旅游业制度系统构建的复杂性研究与启示》，《南京师大学报》（自然科学版）2010年第4期。

[61] 苗东升：《系统科学精要》，中国人民大学出版社2006年版。

[62] 张宇燕：《制度经济学：异端的见解》，汤敏等主编：《现代西方经济学前沿专题》第2集，商务印书馆1993年版。

[63] 李增刚：《制度经济学的三大范式》，邹东涛主编：《经济中国之新制度经济学与中国》，中国经济出版社2004年版。

[64] 卢现祥：《西方新制度经济学》，中国发展出版社2003年版。

[65] 刘凤义：《论制度分析的个人主义方法，整体主义方法与唯物辩

证法——新制度经济学、老制度经济学与马克思经济学之比较》,《社会科学家》2010 年第 1 期。

[66] 严惠麒:《〈有闲阶级论〉的制度分析方法》,《企业家天地》2009 年第 5 期。

[67] 凡勃伦:《有闲阶级论》,蔡受百译,商务印书馆 2005 年版。

[68] 康芒斯:《制度经济学》,于树生译,商务印书馆 1962 年版。

[69] 加尔布雷斯:《新工业国》,上海人民出版社 2012 年版。

[70] 阿兰·G. 格鲁奇:《比较经济制度》,徐节文、王连生、刘泽曾译,中国社会科学出版社 1985 年版。

[71] 黄少安:《制度经济学》,高等教育出版社 2008 年版。

[72] 卢瑟福:《经济学中的制度》,中国社会科学出版社 1999 年版。

[73] 冯·贝塔朗菲:《一般系统论基础,发展和应用》,清华大学出版社 1987 年版。

[74] 缪尔达尔:《经济学发展中的危机和循环》,《现代国外经济学论文选》第 1 辑,商务印书馆 1979 年版。

[75] 诺斯、托马斯:《西方世界的兴起》,华夏出版社 1988 年版。

[76] 习近平:《毫不动摇坚持和发展中国特色社会主义》,《人民日报》2013 年 1 月 6 日第 1 版。

[77] 沈小峰、胡岗、姜璐编著:《耗散结构论》,上海人民出版社 1987 年版。

[78] Zongyi Zhang, Aying Liu, Shujie Yao. "Convergence of China's Regional Incomes 1952 – 1997." *China Economic Review*, 2001 (12): 243 – 258.

[79] 李绍东:《中国库兹涅茨曲线的拐点何时出现?》,《重庆工商大学学报》(社会科学版) 2010 年第 6 期。

[80] 阿瑟·奥肯:《平等与效率:重大的抉择》,华夏出版社 1999 年版。

[81] 章元、刘时菁、刘亮:《城乡居民收入差距,民工失业与中国犯罪率的上升》,《经济研究》2011 年第 2 期。

[82] 郭兴方:《城乡居民收入差距的新估计——一种动态解释》,

《上海经济研究》2004 年第 12 期。

[83] 王少平、欧阳志刚：《中国城乡居民收入差距的度量及其对经济增长的效应》，《经济研究》2007 年第 10 期。

[84] 罗楚亮：《城乡居民收入差距的动态演变：1988—2002 年》，《财经研究》2006 年第 9 期。

[85] 罗亦鹏：《基于 Theil 指数的城乡居民收入差距分解分析》，《长沙大学学报》2012 年第 2 期。

[86] Cowell, F. A. "Measurement of Inequality." *Handbook of Income Distribution*, 2000, 1: 87 – 166.

[87] 董静、李子奈：《修正城乡加权法及其应用——由农村和城镇基尼系数推算全国基尼系数》，《数量经济技术经济研究》2004 年第 5 期。

[88] 程永宏：《二元经济中城乡混合基尼系数的计算与分解》，《经济研究》2006 年第 1 期。

[89] 汤甦野：《熵：一个世纪之谜的解析》，中国科技大学出版社 2008 年版。

[90] 范文涛、丁义明、龚小庆：《建立系统科学基础理论框架的一种可能途径与若干具体思路（之四）——从韦达定理与控制论到突变论，分歧，混沌，分形，耗散结构论，协同论以及与统计物理学的关系》，《系统工程理论与实践》2002 年第 8 期。

[91] Hyeon, H. A. "Speculation in the Financial System as a Dissipative Structure." *Seoul Journal of Economics*, 2001, 10 (3): 172 – 183.

[92] 张志峰、肖人彬、刘美玲：《基于耗散结构的企业系统熵变模型》，《工业工程与管理》2007 年第 1 期。

[93] 张志峰、Jindal, V.：《基于尖点突变的制造系统耗散结构模型及其度量》，《机械工程学报》2011 年第 14 期。

[94] 张岐山、郭喜江、邓聚龙：《灰关联熵分析方法》，《系统工程理论与实践》1996 年第 8 期。

[95] 畅建霞、黄强、王义民等：《基于耗散结构理论和灰色关联熵

的水资源系统演化方向判别模型研究》，《水利学报》2002 年第 11 期。

[96] 凌复华：《突变理论及其应用》，上海交通大学出版社 1987 年版。

[97] 丁庆华：《突变理论及其应用》，《黑龙江科技信息》2008 年第 35 期。

[98] 余元超：《模糊突变理论研究与应用》，辽宁工程技术大学 2011 年硕士学位论文。

[99] 戚杰、胡汉芳：《尖点突变模型在环境领域中的应用研究》，《环境技术》2005 年第 3 期。

[100] 余攀：《改革前后我国城乡居民收入差距比较研究》，武汉科技大学 2010 年硕士学位论文。

[101] 苏星、杨秋宝：《新中国经济史资料选编》，中共中央党校出版社 2000 年版。

[102] 谢百三：《中国当代经济政策及其理论》，北京大学出版社 2008 年版。

[103] 汪海波、董志凯等：《新中国工业经济史（1958—1965）》，经济管理出版社 1995 年版。

[104] 房维中、王忍之：《中华人民共和国经济大事记（1949—1980 年）》，中国社会科学出版社 1984 年版。

[105] 张卓元：《中国价格改革三十年：成效，历程与展望》，《经济纵横》2008 年第 12 期。

[106] 王宏伟：《中国农村居民消费的基本趋势及制约农民消费行为的基本因素分析》，《管理世界》2000 年第 4 期。

[107] 戴春芳、贺小斌、冷崇总：《改革开放以来我国粮食价格波动分析》，《价格月刊》2008 年第 6 期。

[108] 温家宝：《为推进农村小康建设而奋斗》，《人民日报》2003 年 2 月 8 日第 2 版。

[109] 劳伦、勃兰特、托马斯等：《伟大的中国经济转型》，格致出版社、上海人民出版社 2009 年版。

[110] 徐慧：《转型期中国居民收入差距的变化及趋势》，《2008中国可持续发展论坛论文集》（2）。

[111] 彭真善：《中国转型期城乡居民收入差距问题研究》，华中科技大学2007年博士学位论文。

[112] 张建辉、靳涛：《转型式经济增长与城乡居民收入差距：中国的经验（1978—2008）》，《学术月刊》2011年第43期。

[113] Lu, M., Chen, Z. "Urbanization, Urban-Biased Policies, and Urban-Rural Inequality in China, 1987–2001." *Chinese Economy*, 2006, 39 (3): 42–63.

[114] 张红宇：《城乡居民收入差距的平抑机制：工业化中期阶段的经济增长与政府行为选择》，《管理世界》2004年第4期。

[115] 曾国安、胡晶晶：《城乡居民收入差距的国际比较》，《山东社会科学》2008年第10期。

[116] 陈奕平：《农业人口外迁与美国的城市化》，《美国研究》1990年第3期。

[117] 福克纳：《美国经济史》，王锟译，商务印书馆1964年版。

[118] 茶洪旺、明松磊：《缩小城乡居民收入差距的国际经验比较与启示》，《中州学刊》2012年第6期。

[119] 侯力、秦熠群：《日本工业化的特点及启示》，《现代日本经济》2005年第4期。

[120] 付恒杰：《日本城市化模式及其对中国的启示》，《日本问题研究》2003年第4期。

[121] 王习明、彭晓伟：《缩小城乡差别的国际经验》，《国家行政学院学报》2007年第2期。

[122] 胡长顺：《对中国工业化阶段的判断》，《经济管理》2003年第5期。

[123] 张美云：《工业化阶段划分理论综述——兼谈对我国目前工业化所处阶段的判定》，《三门峡职业技术学院学报》2012年第1期。

[124] 姜爱林：《对中国工业化发展阶段的基本判断》，《汕头大学学

报》（人文社会科学版）2003 年第 2 期。

[125] 牛文元：《2012 中国新型城市化报告》，科学出版社 2012 年版。

[126] 刘冠军、高懿德：《因果关系新论》，《晋阳学刊》1998 年第 1 期。

[127] 《马克思恩格斯选集》第 3 卷，人民出版社 1972 年版。

[128] 段文斌、陈国富、谭庆刚、董林辉：《制度经济学——制度主义与经济分析》，南开大学出版社 2003 年版。

[129] 高鸿业、刘凤良：《20 世纪西方经济学的发展》，商务印书馆 2004 年版。

[130] 马歇尔：《经济学原理》上卷，商务印书馆 2005 年版。

[131] 丹尼尔·布罗姆利：《充分理由——能动的实用主义和经济制度的含义》，简练等译，上海人民出版社 2008 年版。

[132] 卢现祥：《新制度经济学》，武汉大学出版社 2011 年版。

[133] 杨俊、黄潇：《教育不平等与收入分配差距的内在作用机制》，《公共管理学报》2010 年第 7 期。

[134] 顾玉林：《教育不公平现象的成因及其对策研究》，《西南科技大学学报》（哲学社会科学版）2007 年第 8 期。

[135] 高会恩：《教育不公平现状及其主要原因初探》，《农村经济与科技》2012 年第 1 期。

[136] 威廉姆森：《资本主义制度》，商务印书馆 2002 年版。

[137] 王曦、邹文理：《不可观察制度变量的最优估计与预测》，《中山大学学报》（社会科学版）2010 年第 2 期。

[138] 王瑞泽、陈德山：《经济增长模型中的制度变量及其代理变量的选择：一个文献综述》，《山东经济》2006 年第 2 期。

[139] 马强、孙剑平：《我国垄断行业收入与经济增长关系的实证研究——基于面板协整理论》，《技术经济》2011 年第 1 期。

[140] 汤清、袁永：《包含经济制度变量的中国经济增长实证分析》，《改革与战略》2008 年第 6 期。

[141] 夏茂森、朱宪辰、江玲玲等：《中国财政分权、户籍制度与区

域经济增长——基于动态面板数据分析》,《经济研究参考》2011 年第 38 期。

[142] 何英华:《户籍制度松紧程度的一个衡量》,《经济学》(季刊) 2004 年第 10 期。

[143] 张国强:《农村资金外流与农村经济发展:体制困境与求解路径》,《农业经济》2006 年第 5 期。

[144] 金玉国、宋廷山:《所有制垄断因素对转型时期行业劳动力价格的影响》,《价格理论与实践》2003 年第 4 期。

[145] 张菊梅、史安娜、石莎莎:《制度变迁与自然垄断行业发展的实证研究》,《工业技术经济》2008 年第 7 期。

[146] 杨俊、黄潇、李晓羽:《教育不平等与收入分配差距:中国的实证分析》,《管理世界》2008 年第 1 期。

[147] 杨俊、李雪松:《教育不平等、人力资本积累与经济增长:基于中国的实证研究》,《数量经济技术经济研究》2007 年第 2 期。

[148] 陆铭、陈钊:《城市化、城市倾向的经济政策与城乡居民收入差距》,《经济研究》2004 年第 6 期。

[149] 谢春涛:《十一届三中全会以来党对中国特色社会主义道路的探索》,《中共石家庄市委党校学报》2007 年第 7 期。

[150] 桑志鑫:《农村资金外流研究》,山东大学 2011 年硕士学位论文。

[151] 王曙光、乔郁等:《农村金融学》,北京大学出版社 2008 年版。

[152] 茶洪旺:《中国户籍制度与城市化进程的反思》,《思想战线》2005 年第 3 期。

[153] 张惠玲:《我国财政转移性支出对调节收入分配的作用分析》,《统计与决策》2007 年第 12 期。

[154] 章波、唐健、黄贤金等:《经济发达地区农村宅基地流转问题研究——以北京市郊区为例》,《中国土地科学》2006 年第 1 期。

[155] 茶洪旺:《区域经济理论新探与中国西部大开发》,经济科学出版社 2008 年版。

[156] Sundrum, R. M., *Income Distribution in Less Developed Countries*. London and New York: Routledge, 1990.

[157] 李权葆、薛欣:《城乡基尼系数测算与收入分配差距分析——基于 CHNS 的实证研究》,《管理评论》2013 年第 3 期。

[158] 王玉梅:《基尼系数在城乡收入差距分析中的应用》,《统计教育》1998 年第 3 期。

[159] Theil, H. *Economics and Information Theory*. Amsterdam: North-Holland Publishing Company, 1967.

[160] Shorrocks, A. F. "The Class of Additively Decomposable Inequality Measures." *Econometrica*, 1980 (48): 613 – 625.

[161] 刘学良:《中国收入差距的分解:1995—2006》,《经济科学》2008 年第 3 期。

[162] 郑明亮:《山东省产业结构调整与人口就业关系的互动分析》,人民出版社 2015 年版。

谢　　辞

盛夏，沥沥的细雨将炎热驱散，极其惬意。一曲《时间都去哪了》使人沉思，脑袋中不断思考着人生，感慨时间的飞逝，并在人生的重要时刻思量着应该表达感谢以作谢辞。

时间如矢，转瞬即逝；时间亦如江水，滔滔不绝，但却一去不回。人生寥寥数十年，只是不停运转的时间中的一小段，如矢，如江水。爱因斯坦的时间相对论认为，物体超过光速运行就可以回到过去，但是人生不会，人的机体不会逆转，不会回到年轻。事实上，人生之路上没有任何事情可以重复。而一件件事情可以被看作人生路上的一个个节点，是一个个岔路口，事情的选择决定着人生在这个岔路口上的去向。没有重复的人生，在任何一个岔路口上只有一次机会。

对我来说，一路走来遇到过很多岔路口，能够到达现在这条路上，最应该感谢的是我的导师茶洪旺教授，正是在一个极其关键的岔路口上，茶老师成全了我读博士的梦想，提携了我。没有茶老师的知遇之恩，我的道路会完全改变，我的人生定然不是如此，或许依然小富即安。

迈入这条大路，影响似乎不如岔路口那般明显，但是茶老师在学术上兢兢业业，一丝不苟的精神潜移默化地影响着我；茶老师对我的谆谆教诲影响着我；茶老师对我学术上的悉心指导影响着我……这些影响也定然修正着我的人生之路。毕业只是人生的一个阶段性收获，这必须要感谢茶老师；饮水思源，未来无论有任何收获，都仍然会感激茶老师在我人生之路上的付出。同时也要感激和云教授，既是老师

谢 辞

又是师母，感谢她一直以来的教导与关心。

在这条路上，还要感激很多人，这些人都影响着我的路。北京邮电大学的各位课程老师在我课程学习期间让我在很多方面得到提高，经管学院的孙启明教授、宁连举教授、吴洪教授、张生太教授等，以及中央财经大学的蒋选教授，在我开题、中期考核、预答辩等环节上给予我有益的指导和帮助，是他们让我的路走得更宽、更通畅。

还有很多同窗，天明、正浩、法涛、张斌、李静、陶瑜、争珍等，让我切实体会到重新作为一个学生的痛快与友情。还有牛一、唐勇、刘博、天明、鹏飞、崧磊、晓清、陈静、秀碧、婷婷、贝利等同门的师兄师姐师弟师妹们，一个互帮互助的大家庭使我感到轻松活泼，让我在这条路上行走没有阻碍。这种情谊值得一生珍藏。

走在路上，也会想起年迈的父母。父母的养育让我有可能上路。尽管远离父母，但是如今他们不用忧虑地里的庄稼，没有了看天吃饭的无奈，生活比较惬意。每次回家他们都会忙忙碌碌地为我做顿好饭，临走时也会将好吃的塞满车，满满的父爱母爱。对我的选择，他们没有过多的干扰，给了我更多的空间，在一次次的岔路口上他们肯定与我同喜同悲。

并肩战斗同心同德的妻子以及天真无邪的儿子是我人生路上最重要的，有了他们的陪伴，我的生活不再孤单，不再枯燥，也充满着希望。还有即将出世的老二，更加让人期待，也定会为我的人生之路带来一些改变，为我的生活带来更多色彩。

还有我的同事、我的球友们的陪伴与帮助也让路上的很多压力得到释放。

路还在继续……

刘 伟
2014 年 8 月于莱州